Quick Guide

Reihe herausgegeben von
Springer Fachmedien Wiesbaden
Wiesbaden, Deutschland

Quick Guides liefern schnell erschließbares, kompaktes und umsetzungsorientiertes Wissen. Leser erhalten mit den Quick Guides verlässliche Fachinformationen, um mitreden, fundiert entscheiden und direkt handeln zu können.

Paul Steiner

Quick Guide Sound Marketing

Wie Sie mit akustischen Reizen Ihre Marke stärken

2. Auflage

Paul Steiner
Herrsching am Ammersee, Deutschland

ISSN 2662-9240 ISSN 2662-9259 (electronic)
Quick Guide
ISBN 978-3-658-46055-6 ISBN 978-3-658-46056-3 (eBook)
https://doi.org/10.1007/978-3-658-46056-3

Die Deutsche Nationalbibliothek verzeichnet diese Publikation in der Deutschen Nationalbibliografie; detaillierte bibliografische Daten sind im Internet über https://portal.dnb.de abrufbar.

© Der/die Herausgeber bzw. der/die Autor(en), exklusiv lizenziert an Springer Fachmedien Wiesbaden GmbH, ein Teil von Springer Nature 2021, 2025

Das Werk einschließlich aller seiner Teile ist urheberrechtlich geschützt. Jede Verwertung, die nicht ausdrücklich vom Urheberrechtsgesetz zugelassen ist, bedarf der vorherigen Zustimmung des Verlags. Das gilt insbesondere für Vervielfältigungen, Bearbeitungen, Übersetzungen, Mikroverfilmungen und die Einspeicherung und Verarbeitung in elektronischen Systemen.
Die Wiedergabe von allgemein beschreibenden Bezeichnungen, Marken, Unternehmensnamen etc. in diesem Werk bedeutet nicht, dass diese frei durch jede Person benutzt werden dürfen. Die Berechtigung zur Benutzung unterliegt, auch ohne gesonderten Hinweis hierzu, den Regeln des Markenrechts. Die Rechte des/der jeweiligen Zeicheninhaber*in sind zu beachten.
Der Verlag, die Autor*innen und die Herausgeber*innen gehen davon aus, dass die Angaben und Informationen in diesem Werk zum Zeitpunkt der Veröffentlichung vollständig und korrekt sind. Weder der Verlag noch die Autor*innen oder die Herausgeber*innen übernehmen, ausdrücklich oder implizit, Gewähr für den Inhalt des Werkes, etwaige Fehler oder Äußerungen. Der Verlag bleibt im Hinblick auf geografische Zuordnungen und Gebietsbezeichnungen in veröffentlichten Karten und Institutionsadressen neutral.

Planung/Lektorat: Maximilian David
Springer Gabler ist ein Imprint der eingetragenen Gesellschaft Springer Fachmedien Wiesbaden GmbH und ist ein Teil von Springer Nature.
Die Anschrift der Gesellschaft ist: Abraham-Lincoln-Str. 46, 65189 Wiesbaden, Germany

Wenn Sie dieses Produkt entsorgen, geben Sie das Papier bitte zum Recycling.

Vorwort

Das vorliegende Buch ist eine kompakte Einführung in das Thema Sound Marketing und bietet zahlreiche pragmatische Hilfestellungen für die Umsetzung. Für die Unternehmenspraxis werden wichtige Ansatzpunkte zur akustischen Gestaltung von Marken geliefert, die anhand von Beispielen verdeutlicht werden. So werden die akustischen Markenzeichen von Audi, Deutsche Telekom, Hyundai, Intel, Lufthansa, Nokia, Siemens und der Wiener Linien analysiert. Dieses vorliegende Werk ist eine erweiterte und aktualisierte Fassung der 1. Auflage meines Buches „Sound Marketing" aus 2021.

Der Ursprung dieses vorliegenden Werkes liegt in der ersten Auflage meines Buches „Sound Branding – Grundlagen akustischer Markenführung", das 2008 im Rahmen des postgradualen Masterstudiums Musikmanagement am Department für Arts und Management der Donau-Universität Krems entstanden ist. Damit habe ich den Anspruch verfolgt, eine umfassende und detaillierte Darstellung des Potenzials akustischer Markenführung zu geben. Darauf folgten zwei weitere, umfassende und aktualisierte Auflagen des Buches. Zudem habe ich Werke verfasst, die sich mit den Themen „Akustisches Markendesign" und

„Multisensuale Markenführung" befassen. Hier alle meine Bücher in ihrer aktuellen Fassung:

Steiner, Paul:
Quick Guide Sound Websites. Wie Sie mit Sound Websites Ihre Marke stärken.
   Springer Gabler, 2023

Steiner, Paul:
Quick Guide Visuelles Marketing. Wie Sie mit visuellen Reizen Ihre Marke stärken.
   Springer Gabler, 2023

Steiner, Paul:
Quick Guide Haptisches Marketing. Wie Sie mit haptischen Reizen Ihre Marke stärken.
   Springer Gabler, 2023

Steiner, Paul:
Quick Guide Duftmarketing. Wie Sie mit Duftstoffen Ihre Marke stärken.
   Springer Gabler, 2022

Steiner, Paul:
Quick Guide Multisensorisches Marketing. Wie Sie mit allen Sinnen Ihre Marke stärken.
   Springer Gabler, 2022

Steiner, Paul:
Quick Guide Sound Marketing. Wie Sie mit akustischen Reizen Ihre Marke stärken.
   Springer Gabler, 2021

Steiner, Paul:
Sensory Branding. Grundlagen multisensualer Markenführung
   3., aktualisierte und erweiterte Auflage
Springer Gabler, 2020

Steiner, Paul:
Sound Branding – Grundlagen akustischer Markenführung.
   3., aktualisierte und erweiterte Auflage
Springer Gabler, 2018

Steiner, Paul:
Akustisches Markendesign – Nutzerspezifische Wirkung akustischer Marken-Websites
Springer Gabler, 2015

Meinen Eltern möchte ich insbesondere dafür herzlich danken, dass sie mir in jedem Lebensabschnitt zur Seite standen und meine Ziele und Vorhaben stets gefördert haben.

Meiner Ehefrau Kathy möchte ich recht herzlich Danke sagen. Sie hat mir ihre liebevolle Geduld im gesamten Verlauf dieses Buchprojektes entgegengebracht und mich in jeder Beziehung unglaublich unterstützt.

Es ist mir ein besonderes Anliegen, die vorliegende Arbeit meinen beiden Söhnen – Leonhard und Benedikt – zu widmen. Beide bereichern mein Leben Tag für Tag und halten mich fit.

Frau Barbara Roscher und Herr Maximilian David von den Springer Fachmedien haben das Buchprojekt tatkräftig und umsichtig unterstützt. Herzlichen Dank dafür!

Um von den Überlegungen und Anregungen der Leser des Buches zu profitieren, bin ich für eine angeregte Diskussion sowie Ergänzungs- und Optimierungsvorschläge dankbar. Ihre Vorschläge und Diskussionsbeiträge können Sie gerne direkt an mich per E-Mail übermitteln: steiner-paul@gmx.at.

Ich freue mich auf eine lebhafte Diskussion und wünsche Ihnen viel Spaß beim Lesen und Anregungen für die tägliche Arbeit.

Baden bei Wien
im Juni 2024

Paul Steiner

Inhaltsverzeichnis

1	**Einleitung**	1
	Literatur	9
2	**Wahrnehmung und Wirkung akustischer Reize**	11
	2.1 Aufnahme akustischer Reize durch das menschliche Ohr	15
	2.2 Akustische Reize als Auslöser von Emotionen	20
	2.3 Wirkung akustischer Reize in der Kommunikation	23
	Literatur	34
3	**Markenrecht – Die Klangmarke**	39
	Literatur	46
4	**Sound Marketing**	49
	4.1 Akustische Markenelemente	57
	4.1.1 Sound Logo	62
	4.1.2 Jingle	64
	4.1.3 Brand Song	65
	4.1.4 Brand Voice	66
	4.1.5 Brand Music	67

		4.1.6	Soundscape	67
		4.1.7	Sound Icon	68
	4.2	Beispiele akustischer Markenelemente		68
		4.2.1	Das Lufthansa Sound Logo	69
		4.2.2	Das Deutsche Telekom Sound Logo	70
		4.2.3	Das Intel Sound Logo	71
		4.2.4	Die Klangwelt von Nokia	75
		4.2.5	Audi Corporate Sound	76
		4.2.6	Das Hyundai Sound Marketing	80
		4.2.7	Das Siemens Sound Marketing	82
		4.2.8	Das Sound Marketing der Wiener Linien	85
	4.3	Sound Design in der Automobilindustrie		89
	4.4	Grenzen und Risiken von Sound Marketing		93
	Literatur			97
5	**Fazit und Ausblick**			101
	Literatur			105
6	**Experteninterviews**			107

Über den Autor

Paul Steiner ist promovierter Sozial- und Wirtschaftswissenschaftler. Neben seiner Promotion mit Auszeichnung zum Dr. rer.soc.oec. an der Wirtschaftsuniversität Wien, erhielt er ein Leistungsstipendium der Wirtschaftsuniversität Wien und den Rudolf Sallinger-Preis für seine Diplomarbeit „Sensory Branding". Herausragende akademische Leistungen hat Herr Dr. Steiner in all seinen erfolgreich abgeschlossenen Studien (Sozial- und Wirtschaftswissenschaften, Betriebswirtschaft, Musikmanagement, Audio Engineering) erzielt.

Seit 20 Jahren verantwortet er strategisch bedeutsame Projekte mit hoher Komplexität in der Bauindustrie, Finanzdienstleistungsbranche und Automobilindustrie. U. a. war er als Spezialist für akustische Markenführung in die strategische Planung und das Projektmanagement des neuen BMW Sound Logos, das 2013 den begehrten Red Dot Award erhielt, involviert. Er ist Autor der Fachbücher „Quick Guide Sound Websites" (2023), „Quick Guide Visuelles Marketing" (2023), „Quick Guide Haptisches Marketing" (2023), „Quick Guide Duftmarketing" (2022), „Quick Guide Multisensorisches Marketing" (2022), „Quick Guide Sound Marketing" (2021), „Sensory Branding" (2020), „Sound Branding" (2018) und „Akustisches Markendesign" (2015).

Kontakt: https://www.linkedin.com/in/dr-paul-steiner-728265b2

1 Einleitung

Zusammenfassung Unternehmen stehen vor der Herausforderung, ihre Markenwerte durch möglichst viele Sinne gezielt zu vermitteln, um sich von der Konkurrenz explizit abzuheben und Konsumenten langfristig an ihre Marke zu binden. Das hat Gültigkeit für alle Sinnesebenen, die Markenzeichen senden können, von der Akustik bis hin zur Haptik. Sound Marketing, d. h. die gezielte Verwendung akustischer Reize in der Kommunikation, gewinnt in den letzten Jahren zunehmend an Bedeutung, da der Nutzen daraus für Unternehmen immer besser verstanden wird. Quer durch alle Branchen finden sich Beispiele bekannter Marken, die Sound Marketing erfolgreich einsetzen, wie z. B. Audi, Deutsche Telekom, Hyundai, Intel, Lufthansa und Siemens. Es bietet Unternehmen die Möglichkeit die emotionale Aufladung der Marke und deren Identität zu stärken, eine schnellere Markenkonditionierung und somit eine höhere Werbe- und Medieneffizienz zu erreichen und die Alleinstellung der Marke gegenüber Mitbewerbern zu unterstützen.

> **Was Sie aus diesem Kapitel mitnehmen**
>
> - Welche Herausforderungen die Unternehmen in der Markenkommunikation haben.
> - Welchen Vorteil Sound Marketing für Unternehmen bietet.
> - Wie akustische Reize klassifiziert werden können.
> - Welcher Unterschied zwischen Tönen und Geräuschen besteht.
> - Sie erkennen den Unterschied zwischen den Begriffen akustisch und auditiv.

Marken nehmen für Unternehmen und deren Anspruchsgruppen (Konsumenten, Mitarbeiter, Aktionäre etc.) eine bedeutende Stellung ein. So übernehmen Marken, die „als ein in der Psyche des Konsumenten verankertes, unverwechselbares Vorstellungsbild von einem Produkt oder einer Dienstleistung" (Meffert und Burmann 1998) verstanden werden können, eine Identifikationsfunktion und Differenzierungsfunktion für Konsumenten und ermöglichen ihnen Orientierung in der Vielfalt der Angebote und schaffen Vertrauen. Eine erfolgreich geführte Marke realisiert nicht nur eine höhere Loyalität und Bindung der Zielgruppen, sondern bietet darüber hinaus eine Plattform für die Erschließung neuer Märkte.

Zum Aufbau von Markenimages und damit zur Differenzierung von Konkurrenzangeboten wird die Markenkommunikation zu einem wesentlichen strategischen Erfolgsfaktor. Durch unterschiedliche kommunikative Maßnahmen in unterschiedlichen Medien verfolgen Unternehmen das Ziel, das eigene Angebot – und damit die eigene Marke – wahrnehmbar in den Köpfen der Zielgruppen zu verankern, sodass es konkurrierenden Angeboten vorgezogen wird. Dazu muss eine Marke im Angebotsmeer nicht nur sichtbar sein, sondern eine Marke benötigt auch ein differenzierendes Profil, ein klares Image und einen Zusatznutzen.

Die Markenkommunikation ist in der heutigen Zeit von einer Synästhesie ihrer Darstellungsmittel gekennzeichnet, da es in der Regel immer mehr Merkmale zugleich sind, die sich beim Konsumenten nachhaltig einprägen. Dadurch wird ein beachtlicher Redundanz- bzw. Vertrautheitseffekt erzeugt, da viele Marken bereits an wenigen Details erkannt werden können, selbst wenn diese nur unvollständig dargestellt werden. Grundsätzlich gilt, dass Marken für Verbraucher eine Bedeutung haben müssen, wobei idealerweise alle Zeichen prägnant dieselbe Bedeutung vermitteln. Das hat Gültigkeit für alle Sinnesebenen, die Markenzeichen senden können, von der Akustik bis hin zur Haptik.

Beim Deutschen Patent- und Markenamt (DPMA) wurden 2023 insgesamt 75.260 Neuanmeldungen von nationalen Marken verzeichnet. Das sind 2,7 % mehr als im Jahr zuvor. Die Unternehmen mit den meisten eingetragenen Marken sind die BMW AG (108 Marken), gefolgt von der Boehringer Ingelheim International GmbH (94 Marken) und der Brillux GmbH & Co. KG (43 Marken). Insgesamt umfasst der Markenbestand des DPMA 888.713 Marken (DPMA 2023).

Zu den wichtigsten Ursachen für diese wachsende Produkt- und Markenvielfalt zählen u. a. die zunehmende Marktsegmentierung, die drastische Verkürzung der Produktlebenszyklen, der Zwang zur Entwicklung neuer Produkte und Produktvarianten und die steigende Internationalisierung und der daraus resultierende Markteintritt neuer Wettbewerber. Hinzu kommt noch eine Verschiebung der Grenzen potenzieller neuer Wettbewerber durch neue Informations- und Kommunikationstechniken.

Neben der Inflation von Produkten und Marken haben sowohl die kommunikativen Maßnahmen als auch die Zahl der Medien rapide zugenommen. Wie eine Studie von Keller und Fischer (2008) zeigt, ist durch die größere Mediennutzung der Informationsüberschuss in den letzten Jahren noch größer geworden. Dies stößt zunehmend auf wenig involvierte Konsumenten, die auf die vorherrschende „Informationsflut" mit flüchtigem Informationsverhalten reagieren. So wird beispielsweise eine Printanzeige im Durchschnitt 3,9 s lang betrachtet, Onlinevideos durchschnittlich 9,3 s und TV-Spots rund 20 s (Statista 2013). Zudem sind den Informationsaufnahmekapazitäten der Konsumenten enge Grenzen gesetzt. Nach einer Berechnung des Instituts für Konsum- und Verhaltensforschung in Deutschland werden weniger als zwei Prozent der durch Massenmedien angebotenen Informationen aufgenommen (Kroeber-Riel et al. 2009).

Die wachsende Produkt- und Markenvielfalt und der inflationäre Gebrauch kommunikativer Maßnahmen haben zu einer zunehmenden

Überforderung und Desorientierung der Konsumenten geführt. Die daraus resultierende Verwirrung der Konsumenten durch Marken wird als „Brand Confusion" (Schweizer und Rudolph 2004) bezeichnet. Diese tritt dann auf, wenn sich Marken in ihrem kommunikativen Auftritt kaum unterscheiden und folglich eine große Verwechslungsgefahr besteht oder die Marken häufiger ihren Auftritt wechseln.

Vor dem Hintergrund sich rasch ändernder Marktbedingungen ist eine einfache Fortschreibung traditioneller Markenführungsansätze nicht mehr zeitgemäß. Die identitätsbasierte Markenführung, dessen Konzept-Entwicklung auf einem „kontinuierlichen Wandel des Verständnisses vom Gegenstand der Marke" (Blinda 2003) beruht, bietet in dieser Situation einen Erfolg versprechenden Ansatz zur Neuorientierung des Markenmanagements. Zu einer ihrer wichtigsten Aufgaben zählt der Aufbau einer prägnanten Markenidentität, die als Wurzel der Marke interpretiert werden kann. Sie sollte daher Ausgangspunkt aller strategischen und operativen Markenentscheidungen sein.

Unternehmen stehen vor der Herausforderung, ihre Markenwerte durch möglichst viele Sinne gezielt zu vermitteln, um sich von der Konkurrenz explizit abzuheben und Konsumenten langfristig an ihre Marke zu binden. Die Bedeutung der verschiedenen Sinne im Rahmen der Markenkommunikation variiert jedoch branchenabhängig. So nehmen u. a. in der Automobil- und Lebensmittelindustrie die unterschiedlichen Sinnesmodalitäten eine hohe Bedeutung ein.

Im Rahmen der Markenführung, insbesondere der identitätsbasierten Markenführung, hat bisher die visuelle Dimension eine dominante Rolle gespielt hat. Balmer charakterisiert diese visuelle Dominanz als *„(…) that is clouding over the importance of the other senses of sound, scent, taste and touch."* (Balmer 2001). Aktuelle wissenschaftliche Beiträge stellen die Erweiterungen der visuellen Dimensionen um weitere sensorische Dimension in den Mittelpunkt der Untersuchung. Dabei gilt die auditive Dimension, die bislang in nur wenigen Studien untersucht wurde, als zukunftsträchtiges Forschungsfeld.

Da der vorliegenden Arbeit das Konzept der identitätsbasierten Markenführung zugrunde liegt, wird der Definition von Burmann et al. (2003) gefolgt. Demnach ist eine Marke „ein Nutzenbündel mit spezifischen Merkmalen, die dafür sorgen, dass sich dieses Nutzenbündel gegenüber anderen Nutzenbündeln, welche dieselben Basisbedürfnisse erfüllen, aus Sicht relevanter Zielgruppen nachhaltig differenziert" (Burmann et al. 2003). Das Nutzenbündel Marke besteht sowohl aus materiellen als auch immateriellen Komponenten. So werden bei der Marke physisch-funktionale und symbolische Nutzenkomponenten gebündelt. Letztere umfassen neben den schutzfähigen Zeichen wie Namen, Logo und akustischen Signalen auch nicht schutzfähige Zeichen, die den Markenauftritt charakterisieren.

Grundsätzlich sind drei Klassen von Marken zu unterscheiden, nämlich „Niedrigpreismarken", „Value-Marken" der Mittelpreislage und „Premiummarken" der Höchstpreislage. Letztere sind durch die Realisierung eines Preispremiums gekennzeichnet, das aus überlegenen Produkt- und Imageeigenschaften resultiert. Premiummarken sind zudem durch eine hohe Qualitäts- oder Leistungsorientierung charakterisiert und zwar sowohl in einem rational-ökonomischen Sinne (Grundnutzen) als auch in einem mehr emotional-psychologischen Sinne (Zusatznutzen).

Marken bieten dem Unternehmen einen preispolitischen Spielraum und können dadurch zu einer Wertsteigerung des Unternehmens führen. Zudem dienen Marken der Differenzierung des eigenen Angebots vom Wettbewerb, führen (idealerweise) zu einer Präferenzbildung beim Verbraucher und erhöhen die Attraktivität des Unternehmens für High-Potential Mitarbeiter. Starke Marken realisieren im Gegensatz zu schwachen Marken eine höhere Markenloyalität und -bindung und bieten eine Plattform für neue Produkte. Starke Marken sind zentrale immaterielle Wertschöpfer in Unternehmen und verfügen über eine besondere emotionale Schubkraft.

Aus Sicht der Konsumenten erfüllen Marken eine Qualitäts-, Garantie- und Vertrauensfunktion, denn sie versprechen gleichbleibende Qualität und grenzen damit das Risiko eines Fehlkaufes stark ein. Außerdem fungieren Marken als Orientierungs- und Entscheidungshilfe. So assoziieren Konsumenten mit einer Marke verschiedene funktionale und emotionale Eigenschaften. Dadurch erleichtern sie die Kaufentscheidung. Letztlich ergibt sich das Markenerlebnis „aus der multisensualen Wahrnehmung und Verarbeitung aller Signale, die von der Marke an allen Markenberührungspunkten an den Nachfrager ausgesendet werden" (Burmann et al. 2012).

Unternehmen stehen vor der Herausforderung, ihre Markenwerte durch möglichst viele Sinne gezielt zu vermitteln, um sich von der Konkurrenz explizit abzuheben und Konsumenten langfristig an ihre Marke zu binden. Das hat Gültigkeit für alle Sinnesebenen, die Markenzeichen senden können, von der Akustik bis hin zur Haptik. Sound Marketing, d. h. die gezielte Verwendung akustischer Reize in der Kommunikation, gewinnt in den letzten Jahren zunehmend an Bedeutung, da der Nutzen daraus für Unternehmen immer besser verstanden wird.

Rein physikalisch gesehen ist ein akustischer Reiz ein für den Menschen hörbarer Schall, der aus mechanischen Schwingungen besteht. Schall bezeichnet eine „besondere Form von Energie, die durch Schwingungen von Molekülen" (Webers 2003) gekennzeichnet ist. Es macht keinen Unterschied, ob die Moleküle zu einer festen, flüssigen oder gasförmigen Substanz gehören. Schall kann nur dort nicht auftreten, wo keine Materie vorhanden ist (Vakuum).

Ein Schallereignis lässt sich im Wesentlichen durch den Schalldruckpegel, der im alltäglichen Sprachgebrauch als Lautstärke bezeichnet wird, und die Klangfarbe charakterisieren (Möser 2009). Während der Grundton die empfundene Tonhöhe des Klangs bestimmt, sind die Obertöne für die Klangfarbe verantwortlich (Friesecke 2007). Schließlich ist es die Klangfarbe eines Tons, die es uns ermöglicht, zwischen den Klängen verschiedener Instrumente auch bei gleicher Tonhöhe und Lautstärke zu unterscheiden.

Entsprechend ihrer physikalischen Natur unterscheidet man zwei Arten von akustischen Reizen: Töne bzw. Klänge und Geräusche. Während ein Ton eine periodische Schwingung (Sinusschwingung) darstellt, die sich durch Frequenz und Amplitude (Lautstärke) charakterisieren lässt, setzt sich ein Klang aus einem Grundton, der die Tonhöhe festlegt, und Obertönen, welche die Klangfarbe bestimmen, zusammen. Ein Geräusch hingegen umfasst Frequenzgemische, die kein ganzzahliges Verhältnis der Frequenzen zueinander haben und somit im Allgemeinen durch eine Vielzahl nicht regelmäßig zusammenklingender Töne verschiedener Frequenz und Amplitude entstehen.

In der Praxis treten beide Erscheinungen meist gemeinsam auf, sodass sich dieses theoretische Einteilungsprinzip zwischen Klängen und Geräuschen auf Spezialfälle beschränkt. Hierzu zählt auch die Sprache, die akustisch als Geräusch bezeichnet wird und zu den komplexesten akustischen Reizen gehört.

Das Portfolio akustischer Reize, das vom gesprochenen und gesungenen Text, über Geräusche, einzelne Töne bis hin zur Musik reicht, lässt sich generell in verbale Reize (z. B. gesprochener Text) und nonverbale akustische Reize (z. B. Geräusche, Musik) einteilen. Die Mechanismen bei der Aufnahme, Verarbeitung und Speicherung von verbalen Reizen unterscheiden sich von denen der nonverbalen akustischen Reize. So existiert eine grundsätzliche Überlegenheit nonverbaler akustischer Reize auf die Gedächtnisleistungen. Demnach können nonverbale akustische Reize besser erinnert werden und sind zudem schneller und einfacher in der Lage, im Gedächtnis gespeicherte Wissenselemente zu aktivieren (Huss und Weaver 1996).

Akustische Reize lassen sich entsprechend formaler und inhaltlicher Merkmale einteilen. Betrachtet man die formale Klassifikationsebene, so gelten die Länge des akustischen Reizes (kurz – lang), die Beteiligung der Sprache (ja – nein) und die Einbindung in das Werbemittel (Vordergrund – Hintergrund) als formale Klassifizierungsmerkmale. Nach der inhaltlichen Klassifikationsebene lassen sich akustische Reize wie folgt unterscheiden: Es gibt Geräusche und Töne, die eine natürliche Bedeutung haben (z. B. das Vogelzwitschern) und Geräusche und Töne, die eine metaphorische oder erworbene Bedeutung besitzen (z. B. gibt es Melodien, die als Metapher für einen Wasserfall stehen). Zudem können akustische Reize als Schlüsselmelodien und Präsenzsignale (z. B. Raubtiergebrüll) dienen (Roth 2005).

Im Zusammenhang mit der auditiven Wahrnehmung unterscheidet man die beiden Begriffe akustisch und auditiv: Während Akustik als Lehre vom Schall und den Schallverhältnissen und die davon abgeleiteten Begriffe den physikalischen Reiz meinen, bezeichnet auditiv die anatomischen Grundlagen des Hörvorgangs und die physiologischen Prozesse. Man spricht also von akustischen Reizen und von auditiver Wahrnehmung (Lupberger 2011).

Quer durch alle Branchen finden sich Beispiele bekannter Marken, die Sound Marketing erfolgreich einsetzen, wie z. B. Audi, Deutsche Telekom, Hyundai, Intel, Lufthansa und Siemens. Es bietet Unternehmen die Möglichkeit die emotionale Aufladung der Marke und deren Identität zu stärken, eine schnellere Markenkonditionierung und somit eine höhere Werbe- und Medieneffizienz zu erreichen und die Alleinstellung der Marke gegenüber Mitbewerbern zu unterstützen.

Ziel der vorliegenden Arbeit ist es, eine kompakte und praxistaugliche Darstellung von Sound Marketing zu geben. Mit der vorliegenden Arbeit werden für die Unternehmenspraxis wichtige Ansatzpunkte zur akustischen Gestaltung von Marken geliefert, die durch konkrete Beispiele illustriert werden. Das Werk richtet sich an Marketing-Verantwortliche, die ihrem Unternehmen bzw. ihren Marken ein unverwechselbares (akustisches) Profil verleihen möchten.

Die Arbeit ist in sechs Kapitel gegliedert. Nach dem einleitenden ersten Kapitel sollen im zweiten Kapitel die theoretischen Grundlagen zur Wahrnehmung und Wirkung akustischer Reize kompakt vermittelt werden. Das dritte Kapitel beinhaltet die aktuelle Situation im Markenrecht mit Fokus auf der Klangmarke. Im vierten Kapitel werden praktische Anwendungen von bekannten akustischen Markenelementen untersucht, als auch das Sound Design in der Automobilindustrie beleuchtet. Das fünfte Kapitel umfasst das Fazit und einen Ausblick der Arbeit. Das sechste und letzte Kapitel beinhaltet drei Experteninterviews.

In der vorliegenden Arbeit wird aus Gründen der leichteren Lesbarkeit die männliche Form verwendet. Sie steht stellvertretend für Personen jeglichen Geschlechts.

Ihr Transfer in die Praxis

- Prüfen Sie, ob Ihre Kundenkontaktpunkte auch die akustische Ebene umfassen (u. a. Telefon, Radio).
- (In welchen Kanälen) Machen Sie bereits Werbung für Ihr Unternehmen bzw. Ihre Marke(n)?
- Nutzen Ihre Wettbewerber Sound Marketing (z. B. Jingle im Radio, professionelle Musik/Stimme in der Telefonwarteschleife, etc.)?
- Setzen Sie Ihr Budget für Sound Marketing bereits optimal ein?

Literatur

Balmer JMT (2001) Corporate identity, corporate branding and corporate marketing – Seeing through the fog. Eur J Mark 35(3/4):248–291

Blinda L (2003) Relevanz der Markenherkunft für die identitätsbasierte Markenführung, Arbeitspapier Nr. 2, Lehrstuhl für innovatives Markenmanagement, Univ. Bremen

Burmann C, Blinda L, Nitschke A (2003) Konzeptionelle Grundlagen des identitätsbasierten Markenmanagements, Arbeitspapier Nr. 1 des Lehrstuhls für innovatives Markenmanagement (LiM), Burmann C (Hrsg) Universität Bremen, Bremen

Burmann C, Halaszovich T, Hemmann F (2012) Identitätsbasierte Markenführung. Grundlagen, Strategie, Umsetzung, Controlling. Springer Gabler, Wiesbaden

Deutsches Patent und Markenamt (DPMA) (2023) Aktuelle Markenstatistiken, URL: https://www.dpma.de/dpma/veroeffentlichungen/statistiken/marken/index.html. Zugegriffen: 17. Mai 2024

Friesecke A (2007) Die Audio-Enzyklopädie: Ein Nachschlagewerk für Tontechniker. Saur, München

Huss MT, Weaver KA (1996) Effect of modality in earwitness identification: memory for verbal and nonverbal auditory stimuli presented in two contexts. J Gen Psychol 123(4):277–287

Keller R, Fischer J-H (2008) Die Informationsüberlastung der Konsumenten: Eine empirische Studie aus Sicht der Marketingkommunikation. Universität des Saarlandes, Institut für Konsum- und Verhaltensforschung, Diplomarbeit, Saarbrücken

Kroeber-Riel W, Weinberg P, Gröppel-Klein A (2009) Konsumentenverhalten, 9 Aufl. Vahlen, München

Lupberger N (2011) Auditive Verarbeitungs- und Wahrnehmungsstörung im Kindesalter: Ein Ratgeber für Betroffene, Eltern, Angehörige und Pädagogen, 3 Aufl. Schuz-Kirchner, Idstein

Meffert H, Burmann C (1998) Abnutzbarkeit und Nutzungsdauer von Marken. Ein Beitrag zur steuerlichen Behandlung von Warenzeichen. In: Meffert H, Krawitz N (Hrsg) Unternehmensrechnung und -besteuerung. Grundfragen und Entwicklung, Gabler, Wiesbaden, S 75–126

Möser M (2009) Technische Akustik, 8 Aufl. Springer, Berlin/Heidelberg

Roth S (2005) Akustische Reize als Instrument der Markenkommunikation. Gabler, Wiesbaden

Schweizer M, Rudolph T (2004) Wenn Käufer streiken. Mit klarem Profil gegen Consumer Confusion und Kaufmüdigkeit. Gabler, Wiesbaden

Statista (2013) Durchschnittliche Betrachtungsdauer von Werbung in verschiedenen Medien in Sekunden. URL: https://de.statista.com/statistik/daten/studie/271067/umfrage/betrachtungsdauer-von-werbung-in-verschiedenen-medien/. Zugegriffen: 18. Mai 2024

Webers J (2003) Handbuch der Tonstudiotechnik. Digitales und analoges Audio Recording bei Fernsehen, Film und Rundfunk, 8 Aufl. Franzis, Poing

2

Wahrnehmung und Wirkung akustischer Reize

Inhaltsverzeichnis

2.1　Aufnahme akustischer Reize durch das menschliche Ohr . . . .　15
2.2　Akustische Reize als Auslöser von Emotionen . . . .　20
2.3　Wirkung akustischer Reize in der Kommunikation . . . .　23

Zusammenfassung Vielfach wurde nachgewiesen, dass das Ohr im „Orchester der Sinne" eine besondere, integrierende Funktion einnimmt. Die Verarbeitung und Speicherung von akustischen Reizen ist noch nicht vollständig erforscht. Daher verwundert es nicht, dass neurophysiologische Grundlagen der Wahrnehmung von Musik als komplexem akustischem Reiz bisher nur ansatzweise aufgeklärt sind. Grundsätzlich können akustische Reize sowohl emotionale als auch kognitive (Marken)Informationen vermitteln, wobei dies vor allem für Musik im Zusammenhang mit dem Auslösen von Emotionen nachgewiesen werden konnte. Akustische Reize, insbesondere Musik, können Bedeutungen in zwei unterschiedlichen Richtungen transportieren. Zum einen können akustische Stimuli den Sinnesgehalt von konkreten Sounds

(u. a. Vogelgezwitscher) vermitteln. Zum anderen eignen sich akustische Elemente, um abstrakte Klänge (u. a. Sound Logo) zu kommunizieren.

> **Was Sie aus diesem Kapitel mitnehmen**
>
> - Welche unterschiedlichen Gestaltgesetze für Sound Marketing gelten.
> - Wie akustische Reize durch das menschliche Ohr aufgenommen werden.
> - Welche akustischen Gestaltungsparameter die Empfindung von Emotionen beeinflussen.
> - Welcher typische Klangcharakter den jeweiligen Dur- und Molltonarten zugeordnet werden.
> - Welche Wirkung akustische Reize in der Kommunikation entfalten können.

Grundsätzlich ist der Mensch verschiedenen Umweltreizen ausgesetzt, die er über die fünf Sinnesorgane Augen, Ohren, Nase, Zunge und Haut aufnimmt. Die moderne Physiologie kennt für den Menschen noch vier weitere Sinne, nämlich den Gleichgewichtssinn, die Thermozeption (Temperatursinn), die Nozizeption (Schmerzempfindung) und die Propriozeption (Körperempfindung) (Springer 2008). Aufgrund der Verschiedenartigkeit der Sinnesorgane gibt es jedoch keine allgemeingültige physikalische Definition von Reizen, die in der Regel nur der Auslöser für eine Wahrnehmung sind.

In den fünf Sinnesorganen befinden sich Sinneszellen (Rezeptoren) mit einer hohen Empfänglichkeit für eintreffende adäquate Reize. Jeder Rezeptor ist dabei auf bestimmte Reize spezialisiert und wandelt diese in nervöse Erregungen um, die über sensible Nerven an das zentrale Nervensystem weitergeleitet werden. Entscheidend dabei ist, ob die Reize bei der Aufnahme einen bestimmten Schwellenwert überschreiten, denn von der Reizschwelle hängt ab, ob es überhaupt zu einer Informationsaufnahme kommt.

Wird die Wahrnehmung einer Sinnesmodalität (z. B. Töne) mit einer anderen Sinnesmodalität (z. B. Farben) gekoppelt, so spricht man von Synästhesie. Hierbei ruft ein durch einen adäquaten Reiz ausgelöster sinnlicher Ausdruck im Bewusstsein des Wahrnehmenden einen zweiten

Eindruck hervor. So können beispielsweise Düfte zu visuellen Eindrücken oder Töne zu farblichen Assoziationen führen. Die Kopplung auditiver und visueller Wahrnehmung ist gegenüber den anderen Sinnen besonders ausgeprägt (Haverkamp 2001).

Von besonderer Bedeutung sind der McGurk-Effekt und der Ventriloquist-Effekt, die deutlich machen, wie der Sehsinn unsere Klangwahrnehmung beeinflusst und akustische Elemente u. a. mit visuellen Bildern assoziiert werden können.

Die Komplexität des Ablaufs der Wahrnehmung von Sinnesreizen ergibt sich aus der Zusammensetzung physikalischer, physiologischer und psychologischer Komponenten. Zunächst werden im physikalischen Abschnitt Informationen in Form von Sinnesreizen bzw. Rezeptoren von den Sinnesorganen aufgenommen, verstärkt und kodiert (Rezeption). Im zweiten Abschnitt werden die Informationen an die nachgeschalteten Nervenzellen weitergegeben, die durch die synaptische Übertragung erregt werden (Transmission). Letztlich werden die Informationen im Gehirn verarbeitet und beantwortet, indem sie mit Vorinformationen, Erfahrungen und Erwartungen verknüpft werden (Perzeption).

Da der Mensch Eindrücke meist in Kombination aufnimmt, z. B. als Geschmack und Geruch spricht man auch von multisensualer Wahrnehmung. Im Zuge des Wahrnehmungsprozesses werden die Informationen, die über die getrennten Sinneskanäle aufgenommen wurden, zu einer ganzheitlichen Wahrnehmung vereinigt. Letztlich werden die empfangenen Informationen als Bilder, Geräusche, Temperatur, Bewegung bzw. Berührung erfahren.

Die Reizmuster in Form von multisensualen Reizen werden im Gehirn als innere „Gedächtnisbilder" (Imageries) repräsentiert. Hierbei kann es sich auch um innere akustische Bilder oder sogar Duftbilder handeln. So können beispielsweise akustische Reize zur Verankerung und zum Abruf eingesetzt werden, um andere bildliche Vorstellungen, die in der Markenkommunikation enthalten sind, ins Gedächtnis zu rufen. Letztlich interagieren akustische innere Bilder mit anderen inneren Bildern.

Die Sinne haben unterschiedliche Übertragungskapazitäten. Jedes sensorische System kann pro Zeiteinheit nur eine begrenzte Anzahl von Informationen an das Zentralnervensystem weiterleiten. Die allgemeine Informationsaufnahmekapazität des Menschen beträgt etwa 10 bis 16 Bit/Sek. Von den vielen Informationen, die unsere Sinnesorgane wahrnehmen, gelangt nur ein Bruchteil in das menschliche Bewusstsein (Kesseler 2004).

Alle von den Sinnesorganen erhaltenen Signale werden je nach Übertragungskapazität von den im Cortex liegenden primären sensorischen Arealen empfangen und verarbeitet, wobei die Wirkung dieser Verarbeitung höher ist, wenn der Einsatz mehrerer Reizmodalitäten zeitgleich und ganzheitlich erfolgt. Ist man gleichzeitig vielen Reizen gleicher oder unterschiedlicher Modalität ausgesetzt, kann es jedoch auch zur Reizüberflutung und folglich zur Störung im Wahrnehmungsprozess kommen. Um einer Reizüberflutung vorzubeugen, werden nicht alle Reize im Gehirn verarbeitet, sondern vorab „gefiltert". Dieser Prozess wird Anpassung der Rezeptoren oder Adaption genannt.

Analog zum visuellen Bereich kann für den akustischen Bereich die Verwendung der Gestaltgesetze als Ausgangspunkt zur Gestaltung akustischer Markenelemente dienen. Folgende Gesetzmäßigkeiten (Springer 2008) werden demnach unterschieden:

- Nach dem Gesetz der Ähnlichkeit werden zwei akustische Signale als zusammengehörig empfunden, wenn sie ähnliche oder gleich klingende Frequenzanteile aufweisen.
- Das Gesetz der Nähe besagt, dass Signale als zusammengehörig empfunden werden, wenn deren zeitlicher Abstand im Verhältnis zu einem Vergleichston besonders gering ist.
- Das Gesetz der guten Fortsetzung beschreibt die Entstehung eines Zusammenhangs zwischen durchgehend zu hörende akustische Signale.
- Das Gesetz der Erfahrung besagt, dass der Einzelne gelernt hat, wie akustische Signale im Normalfall zu interpretieren sind und wie einzelne Elemente als Ganzes zusammengefügt werden.
- Nach dem Gesetz der Geschlossenheit werden nicht vorhandene akustische Signale in der Wahrnehmung ergänzt.
- Das Gesetz der guten Verlaufsgestalt von Tönen beschreibt die Eigenständigkeit akustischer Signale durch eine beabsichtigte, stimmige Ordnung.

- Nach dem Gesetz der Transponierbarkeit wird die Gestalt akustischer Signale nicht durch die absolute Höhe bestimmt, sondern ausschließlich durch ihre Abfolge und Zeitdauer.

Der Grund für die musikalische Empfindung setzt sich zusammen aus „dem augenblicklichen Schwierigkeitsgrad der Erkennung von Schallmustern, der Treffsicherheit von Vorhersagen, die das Gehirn zur Beschleunigung dieses Erkennungsprozesses erstellt, und der Art der Assoziation, die durch Vergleiche mit gespeicherter Information über früher gewonnene Eindrücke hervorgerufen werden." (Roederer 2000).

2.1 Aufnahme akustischer Reize durch das menschliche Ohr

Das Gehör liefert als Warnorgan schnell Informationen über Richtung, Distanz und Art von Schallobjekten oder Ereignissen und hat die Aufgabe, die physikalischen Eigenschaften eines Schallereignisses (z. B. Frequenz, Schalldruck) im menschlichen Gehirn als Tonhöhe und Lautstärke wahrnehmbar zu machen. Das Ohr reagiert dabei auf die Druckschwankungen des Schallfeldes und wandelt diese in Nervenreize um.

Das Ohr wird anatomisch in Außenohr (mit Ohrmuschel, Gehörgang und Trommelfell), Mittelohr (mit Luft gefüllt) und Innenohr (mit Flüssigkeit gefüllt) unterteilt. Jeder dieser Bereiche ist für bestimmte Phasen der Schallwahrnehmung zuständig. Die Ohren befinden sich 17 bis 18 cm von den Seiten des Kopfes entfernt.

Das äußere Ohr und das Mittelohr sind durch den Gehörgang verbunden, der den Schall zum Trommelfell leitet. Er hat einen Durchmesser von 1 bis 1,5 cm und eine Länge von etwa 5 cm. Das Mittelohr, welches sich unmittelbar hinter dem Trommelfell befindet, ist ein luftgefüllter Raum, der zum Zweck des Druckausgleichs über die Eustachische Röhre mit den Atmungswegen im Rachenraum in Verbindung steht. Das Innenohr besteht aus zwei Teilen: der Cochlea, einem schneckenförmig gewundenen Kanalsystem und dem vestibulären System, dem Gleichgewichtsorgan. Jedes Innenohr ist sowohl mit der rechten als auch mit der linken Hörrinde verbunden. So können binaurale akustische Signale, die sich in der Laufzeit, Intensität sowie Klangfarbe unterscheiden, miteinander verglichen werden.

Treffen Schallwellen auf die Ohrmuschel, so werden diese durch den Gehörgang zum Trommelfell übertragen. Die Schallwellen versetzen dann die drei kleinen Gehörknöchelchen („Hammer", „Amboss", „Steigbügel") im Mittelohr (Paukenhöhle) in Schwingungen. Der verstärkte Schall wird durch das ovale Fenster in das Innenohr geleitet. Da sich der Schallwiderstand der Luft an die Impedanz des flüssigkeitsgefüllten Innenohrs anpasst, steigt der Druck im Steigbügel an. Dadurch wird die Endolymphenflüssigkeit im eingeschlossenen, häutigen Schneckeneingang angeregt, die eine Reizung des Cortischen Organs bewirkt. Letzteres ist mit winzigen Sinneshärchen versehen, welche die Druckwellen in elektrische Nervenimpulse umwandeln. Schließlich werden diese Impulse über den Hörnerv zum primären auditiven Cortex und zu anderen entsprechenden Zentren im Gehirn weitergeleitet und dort als komplexe Mischungen unterschiedlicher Frequenzen in Form von Tönen und Geräuschen interpretiert.

Vielfach wurde nachgewiesen, dass das Ohr im „Orchester der Sinne" eine besondere, integrierende Funktion einnimmt. Der Hörsinn, der zu den Fernsinnen zählt, ist von allen Sinnen derjenige, der die Zeit am feinsten auflöst. Im Gegensatz zu den beiden Fernsinnen Hörsinn und Sehsinn zählen die übrigen Sinne zu den Nahsinnen. Bei den Nahsinnen wird der Sinneseindruck direkt mit dem Organ verknüpft.

Grundsätzlich können zwei Arten des (Zu)hörens unterschieden werden. Bei der Wahrnehmung von akustischen Reizen kommen einerseits Attribute zur Anwendung, die nicht unbedingt unmittelbar physischen Eigenschaften von Klangquellen zugeordnet werden können (z. B. Tonhöhe, Klangfarbe). Solche abstrakten Attribute sind oft in traditionellem musikalischem Kontext von Bedeutung („Musical Listening"). Andererseits können Klänge im Sinn von Eigenschaften klangerzeugender Prozesse wahrgenommen werden. Dies ist meistens unwillkürlich in alltäglichen Situationen (z. B. Verkehrsgeräusche) der Fall („Everyday Listening") (Gaver 1988).

Im Mittelpunkt des auditiven Sinnessystems stehen die Schallaufnahme und -analyse, denn die biologische Bedeutung des Hörsinns ist nicht das Musikhören, sondern die Ortung von Schallquellen in der Umwelt. Diese hoch automatisierte Fähigkeit war in den Anfangszeiten der menschlichen Entwicklung überlebenswichtig, weshalb sie auch grundsätzlich nicht abgeschaltet werden kann.

Um ein Schallereignis wahrnehmen zu können, muss eine einfache physikalische Wirkungskette vorausgehen. Dabei versetzt eine Schallquelle die sie umgebende Luft in kleine Schwingungen, die in Folge von Kompressibilität und Masse der Luft übertragen werden und zum Ohr des Hörers gelangen. In der übertragenden Luft (bzw. dem Gas oder der Flüssigkeit) finden dabei physikalisch kleine Druckschwankungen statt. Dieser Druck wird als Schalldruck bezeichnet und ist naturgemäß orts- und zeitabhängig (Möser 2009).

Das menschliche Gehör ist u. a. durch das Richtungshören charakterisiert. Dies wird dadurch ermöglicht, dass Schallquellen, die nicht direkt aus der Blickrichtung kommen, mit unterschiedlicher Intensität (Amplitudendifferenz) und kleinsten Zeitunterschieden (Zeitdifferenz) an den Ohren eintreffen. Da die Abnahme der Amplitude und die Entfernung von der Schallquelle in einem festen Verhältnis zueinanderstehen, kann die Amplitudendifferenz zwischen beiden Ohren auch als Information über die Entfernung der Schallquelle genutzt werden.

Des Weiteren ist das menschliche Gehör durch seine Trägheit gekennzeichnet, die bei kurzen Schallimpulsen die Wahrnehmung in voller Pegelhöhe verhindert. Das Gehör besitzt die besondere Fähigkeit, Geräusche mit bestimmten Eigenschaften in Verbindung zu bringen. Diese Tatsache wird u. a. beim Sound Design genutzt, insbesondere in der Automobilwirtschaft. So soll das typische Geräusch beim Zuschlagen von Autotüren Sicherheit und Qualität signalisieren, der Motorsound hingegen Emotionen transportieren.

Das Hörfeld bezeichnet jenen Bereich der auditiven Wahrnehmung, in welchem ein akustisches Ereignis im auditiven System eine wahrnehmbare Empfindung auslöst. Beim Menschen reicht dieser hörbare Frequenzbereich von etwa 16 bis 20.000 Hz (Hz) und umfasst rund zehn Oktaven mit jeweils zwölf halben Tönen. Die Fähigkeit zum Hören der hohen Frequenzen ist jedoch individuell verschieden und vor allem vom Personenalter abhängig. Während in jungen Jahren selbst Frequenzen bis zu etwa 20 kHz gehört werden, sinkt diese

Frequenzgrenze im hohen Alter unter 10 kHz herab. Schall mit Frequenzen unterhalb des Hörbereichs (Infraschall) und oberhalb des Hörbereichs (Ultraschall) ist für den Menschen nicht hörbar.

Das Ohr ist in verschiedenen Frequenzbereichen unterschiedlich empfindlich. So liegt der Bereich der größten Empfindlichkeit zwischen 3 und 5 kHz. Tonhaltige Geräusche in diesem Frequenzbereich werden als besonders störend empfunden. Ausgehend vom Stimmton a, der 1939 auf 440 Hz festgelegt wurde, werden Töne je nach ihrer Frequenz in tiefe, mittlere und hohe Töne eingeteilt. So umfassen tiefe Töne den Frequenzbereich von ca. 20 bis 250 Hz, mittlere Töne decken den Bereich zwischen 250 und 1000 Hz ab und Töne im Bereich zwischen 1000 und 4200 Hz werden als hohe Töne bezeichnet. Oberhalb von 4200 Hz sind keine Grundtöne mehr angesiedelt (Flückiger 2001). Der Frequenzabschnitt, der für die Sprachwahrnehmung wichtig ist, liegt etwa zwischen 400 und 3000 Hz.

Der Bereich der Lautstärkeempfindung (Hörbereich) ist nach unten durch die niedrigste gerade noch wahrnehmbare Lautstärke (Schwellwert) und nach oben durch die höchste ohne Schmerzgefühl zu ertragende Lautstärke (Schmerzgrenze) begrenzt. Wie laut ein Geräusch oder Ton bzw. Klang wahrgenommen wird, ist von der Schalldruckamplitude und der Frequenz der akustischen Reize abhängig. Der Schalldruckpegel muss bei tiefen und hohen Tönen erheblich größer sein als im mittleren Frequenzbereich, damit die Töne gleich laut erscheinen. Dies erklärt z. B. den Umstand, dass eine Violine oder Flöte mühelos mehrere Kontrabässe übertönt.

Nur sehr wenige Menschen sind in der Lage, Tonhöhen ohne einen Referenzton zu identifizieren. Sie besitzen die Gabe eines „absoluten Gehörs", womit sie isoliert dargebotene Töne korrekt bestimmen können. Es wird geschätzt, dass bei vollem Hörvermögen etwa ein Zehntel aller Informationen über die Ohren aufgenommen wird. Grundsätzlich zeichnen sich die Ohren durch folgende Leistungen aus:

- Das Gehör bildet aus den Reizeinwirkungen ein Bezugssystem, an dem sich die Qualitäten und Quantitäten der Empfindungen orientieren.
- Als Voraussetzung für die Entwicklung der Sprache und damit der menschlichen Kommunikation gilt die Umwandlung von Schall.

- Die auditive Aufmerksamkeit ermöglicht die Konzentration auf das Gehörte. Akustische Reize können von ihrem Hintergrund, den Hintergrundgeräuschen, getrennt werden.
- Die auditive Diskrimination macht es möglich, dass Ähnlichkeiten und Unterschiede zwischen Lauten und Tönen erkannt und zugeordnet werden können.
- Die räumliche Einordnung einer Schallquelle und die Abschätzung von Entfernungen erfolgt durch die auditive Lokalisation.
- Die Speicherung des Gehörten zur Wiedererkennung und -abrufung wird durch die auditive Merkfähigkeit ermöglicht, wobei ein akustisches Signal auch einen anderen Reiz auslösen kann.

Die wichtigste spezifische Grundlage der auditiven Wahrnehmung ist die Integration verschiedener Dekodierungsprozesse. Sämtliche Parameter des Schalls – Intensität, Frequenz und zeitliche Struktur – interagieren miteinander und werden deshalb ganzheitlich wahrgenommen. Nach dem Ohm'schen Gesetz der Akustik werden alle akustischen Reize im Ohr nach einer der mathematischen Fourier-Transformation analogen Weise in ihre sinusförmigen Komponenten zerlegt. Die Hörwahrnehmung soll dann bei der Erregungsverarbeitung im Gehirn aus den Fourier-Komponenten aufgebaut werden.

Die drei menschlichen Primärempfindungen bei der Wahrnehmung von akustischen Ereignissen sind Lautstärke, Tonhöhe und Klangfarbe. Die Empfindung der Tonhöhe hängt mit der Grundfrequenz zusammen, die Lautstärke mit der Intensität und die Klangfarbe mit dem Frequenzspektrum (Roederer 2000). Kulturspezifische Erfahrungen und Gewohnheiten beeinflussen zusätzlich unser Klangempfinden.

Die Zuordnung von Tonhöhe, Lautstärke und Klangfarbe zu einem musikalischen Klang ist das Ergebnis der Verarbeitungsvorgänge in Ohr und Gehirn und folglich subjektiv und nicht direkt physikalisch messbar. Prinzipiell ist es aber möglich, jede dieser drei primären Empfindungen mit einer genau definierten Größe des ursprünglichen Reizes, d. h. der Schallwelle, in Verbindung zu bringen, die mit physikalischen Methoden genau gemessen und in Zahlen ausgedrückt werden kann. So hängt die Empfindung der Tonhöhe mit der Grundfrequenz zusammen, die Lautstärke mit der Intensität und die Klangfarbe mit dem Frequenzspektrum.

Beim auditiven Übertragungsweg befinden sich bedeutend mehr Zwischenstationen im Gehirn als beim visuellen System. Dafür nimmt das auditive System eines Individuums auch Informationen über Objekte auf, die sich seitlich oder hinter ihm befinden. Erklingen zwei oder mehr Töne zeitgleich, so kann unser Gehirn sie einzeln wahrnehmen. Selbst einfache Melodien enthalten unterschiedliche musikalische Dimensionen wie Rhythmus, Harmonik und Dynamik.

Akustische Reize, insbesondere Musik, können Bedeutungen in zwei unterschiedlichen Richtungen transportieren. Zum einen können akustische Stimuli den Sinnesgehalt von konkreten Sounds (u. a. Vogelgezwitscher) vermitteln. Zum anderen eignen sich akustische Elemente, um abstrakte Klänge (u. a. Sound Logo) zu kommunizieren.

Man geht heute davon aus, dass die effizienteste wahrnehmungsbasierte Wissensrepräsentation, d. h. die Organisation und Nutzung von Informationen im Langzeitgedächtnis, durch duale Kodierung verbaler und visueller Reize geschieht. Dabei werden sowohl die linke als auch die rechte Hirnhälfte angesprochen. Die Reizmuster in Form von multisensualen Reizen werden im Gehirn als innere „Gedächtnisbilder" (Imageries) repräsentiert. Dabei können nicht nur visuelle Reize als Imageries fungieren, sondern auch Reize anderer Sinnesmodalitäten, wie akustische Reize. So werden akustische Bilder gedanklich oft mit visuellen Bildern verbunden. Insbesondere im Radio spielen akustische Bilder eine zentrale Rolle, um eine lebendige Markenerinnerung zu erreichen und sachliche oder emotionale Eindrücke zu erzeugen (Linxweiler 2004).

2.2 Akustische Reize als Auslöser von Emotionen

Grundsätzlich können akustische Reize sowohl emotionale (affektive) als auch kognitive (Marken)Informationen vermitteln, wobei dies vor allem für Musik im Zusammenhang mit dem Auslösen von Emotionen nachgewiesen werden konnte. Es wundert daher nicht, dass neueste Studien zur Repräsentation von Musik im Gehirn ergaben, dass praktisch das gesamte Gehirn zur Musik beiträgt (Spitzer 2002). Kaum jemand wird wohl daran zweifeln, dass akustische Reize, insbesondere Musik, den Menschen emotional ergreifen und in unterschiedliche Stimmungen versetzen kann.

Die emotionale Wirkung von Musik kann mithilfe der Semiotik sowohl durch ikonische als auch durch indexikalische Repräsentationen von Musik erklärt werden. Während ikonische Repräsentationen die in der Musik selbst enthaltenen Muster und deren emotional Wirkungen widerspiegeln, entsprechen indexikalische Repräsentationen extramusikalischen Assoziationen. Hierbei wird Musik mit einem Objekt oder Erlebnis in Erinnerung gebracht, wodurch eine Emotion ausgelöst wird.

Um eine valide Aussage darüber zu treffen, ob akustische Reize Emotionen hervorrufen können, bedarf es einer validen Messung von Emotionen. Da Emotionen nicht direkt, sondern nur anhand bestimmter Indikatoren erfasst werden können, erfolgt die Messung von Emotionen üblicherweise auf drei klassischen Verhaltensebenen. Die drei Messebenen sind: die Ebene des Ausdrucksverhaltens, die subjektive Erlebnisebene und die psychobiologische Ebene.

Auf der psychobiologischen Messebene (u. a. Messung der Herzfrequenz, Atmung oder Blutdruck) liegen bislang nur wenige neurowissenschaftliche Untersuchungen zur emotionalen Wirkungen von Musik vor. Studien, die die emotionale Wirkung von Musik auf der Ebene des Ausdrucksverhaltens messen, gibt es ebenfalls nur wenige. Zur subjektiven Erlebnismessung der emotionalen Wirkung von Musik liegen aufgrund ihrer einfachen Anwendbarkeit die meisten Studien vor. Neben der klassischen Befragung kommen hier u. a. Tiefeninterviews zum Einsatz.

Zahlreiche Studien belegen, dass das Hören von Musik Emotionen beim Rezipienten auslöst. Durch die Wahl der Musikinstrumente (abgestimmt auf einzelne Zielgruppen) lassen sich dabei spezifische Emotionen, wie „französisches Savoir vivre" oder „Sehnsucht nach der Ferne" auslösen, die von einer großen Anzahl von Rezipienten gleichsam empfunden werden. In Studien zeigte sich ebenfalls, dass unterschiedliche Musikstile bestimmte Bedeutungen beim Rezipienten erzielen können.

Beispielsweise erzeugte klassische Musik oder Rap-Musik einen ähnlichen ästhetischen Ausdruck über viele Probanden hinweg.

Die Ergebnisse von Rigg (1937) zeigen, dass 73 % der Zuhörer, unabhängig von ihrer musikalischen Ausbildung, in der Lage waren, die beabsichtigte Bedeutung einer ihnen unbekannten Musik richtig zu interpretieren. Zudem haben Holbrook/Bertges (1981) empirisch nachgewiesen, dass untrainierte und trainierte Hörer eine ähnliche Wahrnehmung der ästhetischen Ausdruckskraft klassischer Musik besitzen. Die emotionale Bedeutung von Gestaltungsparametern (z. B. „glücklich" durch schnelles Tempo) kann von Rezipienten selbst dann dekodiert werden, wenn es sich um unbekannte Musik einer anderen Kultur handelt.

Bruner (1990) unterscheidet die folgenden akustischen Gestaltungsparameter: Lautstärke, Tempo, Rhythmus, Tonart, Tonhöhe und Harmonie. Diese können gezielt eingesetzt werden, um die vom Rezipienten empfundenen Emotionen zu beeinflussen. So haben mehrere Studien belegt, dass schnelle Musik fröhlicher und angenehmer empfunden wird als langsame Musik.

Tab. 2.1 stellt exemplarisch die Vermittlung ausgewählter emotionaler Ausdrücke durch zeit- und klangbezogene akustische Gestaltungsparameter dar.

Die Wichtigkeiten einzelner zeit- oder klangbezogener akustischer Gestaltungsparameter lassen sich auch hierarchisieren. So fand Hevner (1936) heraus, dass die Ausdruckskraft der Tonart (Dur und Moll) am stabilsten und generell eher verstanden wird als andere akustische Gestaltungsparameter. So wird Musik in einer Dur-Tonart oft mit fröhlicher, lebhafter Stimmung in Verbindung gebracht, Musik in einer Moll-Tonart hingegen als melancholisch, traurig, depressiv, geheimnisvoll erlebt. Nach einer Systematik von Helms (1981) werden den jeweiligen Dur- und Molltonarten typische Klangcharakter zugeordnet. Tab. 2.2 fasst den Klangcharakter von Tonarten zusammen.

So besitzt bereits die Interaktion von nur zwei akustischen Gestaltungsparametern (z. B. Tempo und Tonart) eine Komplexität, die schwierig zu kontrollieren und interpretieren ist. Die Verarbeitung und Speicherung von akustischen Reizen ist noch nicht vollständig erforscht. Daher verwundert es nicht, dass neurophysiologische Grundlagen der

Tab. 2.1 Vermittlung eines emotionalen Ausdrucks durch einzelne Gestaltungsparameter akustischer Reize. (Eigene Darstellung in Anlehnung an Bruner 1990)

Gestaltungsparameter akustischer Reize	Emotionaler Ausdruck		
	Traurig	Glücklich	Erschreckend
Tonart	Moll	Dur	Moll
Tempo	Langsam	Schnell	Langsam
Tonhöhe	Niedrig	Hoch	Niedrig
Rhythmus	Gleichbleibend	Fließend	Uneben
Harmonie	Dissonant	Konsonant	Dissonant
Lautstärke	Gering	Mittel	Variierend

Tab. 2.2 Klangcharakter von Tonarten. (Eigene Darstellung in Anlehnung an Helms 1981)

Tonart	Klangcharakter
C-Dur	Ernst, aber dumpf
D-Dur	Heiter, lärmend, aber gewöhnlich
Es-Dur	Majestätisch, ernst, heroisch
E-Dur	Edel
F-Dur	Markig, kräftig (Marschmusik)
As-Dur	Sanft, sehr edel
C-Moll	Düster, wenig hell klingend
G-Moll	Schwermütig, hell klingend, sanft
H-Moll	Wild, heftig

Wahrnehmung von Musik als komplexem akustischem Reiz bisher nur ansatzweise aufgeklärt sind. Im Folgenden werden empirische Erkenntnisse zur Wirkung akustischer Reize in der Kommunikation zusammengefasst.

2.3 Wirkung akustischer Reize in der Kommunikation

Der konzeptionelle, gestalterische Umgang und Einsatz mit akustischen Reizen ist keine Trenderscheinung, sondern ein Prozess, der sich über die Jahrhunderte entwickelt hat. Bereits um ca. 500 v. Chr. haben sich Philosophen mit der Frage der Wirkung von Musik auf den Menschen beschäftigt (Stoffer 2011). Die naturwissenschaftliche Auseinandersetzung mit akustischen Reizen hat jedoch erst vor rund 100 Jahren begonnen.

Naturwissenschaftler haben sich zuerst der Akustik, die Lehre vom Schall, danach der Psychoakustik, die sich mit der menschlichen Wahrnehmung von Geräuschen beschäftigt, gewidmet. Erst vor einigen Jahrzehnten entwickelten sich parallel dazu die Neurowissenschaften. Aus diesen Anfängen der empirischen Untersuchung von akustischen Reizen resultieren verschiedene Forschungsgebiete und Forschungsergebnisse.

Akustische Reize werden u. a. seit rund 60 Jahren gezielt als Mittel zur Unterstützung von Werbebotschaften eingesetzt. Dies liegt u. a. darin begründet, dass der akustische Wahrnehmungskanal besonders effizient ist, da Menschen von sich aus eine sehr hohe Affinität für emotionales und assoziatives Involvement gegenüber Musiken und Klängen aufweisen (Schramm und Kopiez 2011).

Nach Roth (2005) befindet sich jedoch die Untersuchung von akustischen Reizen zur Kommunikation in der Position „schlecht erforschter Mauerblümchen". Bruner (1990) weist darauf hin, dass sich bis 1990 weniger als 20 empirische Marketing-Studien auf die Verwendung von Musik bezogen. Unter den akustischen Elementen wurde bislang die Musik am ausgiebigsten wissenschaftlich untersucht. Dabei konnte ein umfassender Einfluss der Musik auf unterschiedliche Bereiche nachgewiesen werden.

Analog zur Psychologie ist es primär Aufgabe der Musikpsychologie, universelle Gesetzmäßigkeiten beim Musikhören und Musikmachen zu erforschen. Die Psychophysik und die Psychophysiologie dienen dafür als Grundlage dieser Gesetzmäßigkeiten. Ableitend aus der Allgemeinen Psychologie können schließlich Aussagen über die Prozesse der Wahrnehmung, Repräsentation und Produktion von Musik getroffen werden.

Nach Stoffer (2011) stellt der Terminus Musikpsychologie heute eine theoretisch neutrale Bezeichnung für den Bereich von Psychologie und Systematischer Musikwissenschaft dar, der sich mit psychologischen Fragestellungen musikalischen Verhaltens beschäftigt. Musikpsychologie ist ein interdisziplinäres Fach, das wissenschaftliche Erkenntnisse aus den Bereichen Musikwissenschaft, Psychologie, Soziologie, Musikpädagogik, Medizin, Physik oder Neurowissenschaft miteinander verbindet. Sie wird allgemein dem Fachgebiet der Systematischen Musikwissenschaft zugeordnet. In den letzten 30 Jahren hat sich die Musikpsychologie innerhalb der Systematischen Musikwissenschaft als eigenständige Forschungsrichtung fest etabliert. Während sich die Musikpsychologie international eher an die Psychologie orientiert, wird sie in Deutschland traditionsgemäß der Musikwissenschaft zugeordnet.

Da Musik ein Phänomen ist, das sich in wechselseitiger Beeinflussung von Individuum und Gesellschaft bildet und definiert, bedarf es darüber hinaus einer Erklärung der motivationalen Zusammenhänge zwischen Individuum und Gesellschaft. Musik manifestiert sich in der Kultur, die das Medium und die Rahmenbedingungen für Individuum und Gesellschaft darstellt. Letztlich entscheidet die Gesellschaft bzw. das in einer Gesellschaft ausgeprägte Kulturverständnis darüber, was als Musik verstanden wird und was nicht.

In unserer Musikkultur erfolgt häufig eine Einschränkung des Musikbegriffs auf die tonal gebundene Musik (Dur-Moll-Tonalität). Dabei handelt es sich um eine nicht gerechtfertigte eurozentrische Sicht, denn ein Blick auf inner- wie auch außereuropäische Musikkulturen beweist, dass es auch tonal nicht gebundene Musikformen (atonale Musik) gibt.

Die wichtigsten der komplexen Phänomene musikalischer Bedeutungszuweisungen lassen sich systematisierend eingrenzen. Dazu bieten sich kulturwissenschaftlich begründete, übergeordnete Kriterien gesellschaftlichen Handelns und Verhaltens an, die auch für Musik gleich welcher Herkunft und welchen Stils von großer Bedeutung sind. Nach Rösing (2009) lassen sich folgende sieben Kriterien unterschieden: Andersartigkeit und Differenz, Präsentation und Praxis, Diskursivität und Textualität, Urbanität und Rustikalität, Funktionalität, Medialität und Korporalität.

Die Frage nach der Entstehung und Geschichte der Musik hat mehrere Antworten. Die ältesten archäologisch identifizierten Musikinstrumente sind etwa 50.000 Jahre alt. Die Geschichte der Musik im Sinne der Geschichte eines wesentlichen Bestandteils unserer Kultur beginnt zwischen China und Babylon (geographisch etwa im heutigen Iran und Irak) vor mehr als 5000 Jahren. Vor rund 4000 Jahren kam diese Musikkultur von Ägypten nach Griechenland und von dort in das gesamte Abendland.

Etwa 40–50 % unserer täglichen Zeit (im wachen Zustand), sind wir entweder aktiv oder passiv Musik ausgesetzt. Dabei erfolgt ein Großteil der unfreiwilligen Wahrnehmung von Musik durch Werbung in den Massenmedien. Musik in der Werbung geht zurück auf die Anfangszeit der Rundfunkübertragung, und ist ein geläufiges Gestaltungselement in der Kommunikation von Marken.

Im Rahmen einer Längsschnittstudie zwischen 1991 und 1997 zu musikalischen Hörgewohnheiten hat Behne (2003) festgestellt, dass bei den Jugendlichen im Vergleich mit seiner Studie aus den 1980er Jahren das „diffuse Hören" zunahm, während sich das kompensatorische und das konzentrierte Hören rückläufig entwickelten. Nach Behne lernen Kinder wegzuhören, um sich vor der Reizfülle in ihrem Alltag (u. a. Allgegenwart von Musik in den Medien) zu schützen. Um diesem veränderten Konsumverhalten in der akustischen Markenkommunikation Rechnung zu tragen, muss der Einsatz von akustischen Reizen in der Markenkommunikation zielgerichtet vorgenommen werden.

Frühe Forschungsarbeiten haben den Einfluss von Musik auf die Stimmung und Emotionen von Menschen untersucht. So zeigen die Ergebnisse der Studie von Rigg (1940), dass schnelle Musik fröhlicher wahrgenommen wird als langsame Musik. Zudem konnte bei einigen Studien nachgewiesen werden, dass Musik in hoher Tonlage mit Freude assoziiert wird, hingegen Musik in tiefer Tonlage mit Traurigkeit.

Kellaris und Kent (1991, 1994) haben die Wirkung unterschiedlicher Tonarten auf Konsumenten-Reaktionen untersucht. Wie die Ergebnisse zeigen, wird allgemein Musik in Dur-Tonart als attraktiver empfunden, als Musik in Moll-Tonart oder atonale Musik. Die Ergebnisse zeigen, dass unterschiedliche Tonalitäten von Musik (Dur-Moll-Tonalität, Atonalität) die subjektive Zeitwahrnehmung der Hörer beeinflussen kann.

Die Verwendung von akustischen Reizen, insbesondere Musik, kann die Erinnerung an die Werbung, an den Werbeslogan oder an das beworbene Produkt bzw. Marke verbessern. Eine sich wiederholende, einfache Melodie eines (Werbe)Songs kann als Erinnerungshilfe für den Text dienen.

Um die Erinnerungsfähigkeit zu fördern, muss die assoziativ-emotionale Komponente von akustischen Reizen beachtet werden. Je nach Art der Musik haben musikalische Hintergrundelemente positive Auswirkungen auf die Verarbeitung von Informationen. So zeigen die Ergebnisse von Allan (2006), dass sich Popmusik mit Gesang positiver auf Aufmerksamkeit und Erinnerung der Werbung auswirkt, als Instrumental-Musik oder keine Musik. Zudem beeinflusst auch die persönliche Bedeutung eines Popsongs in der Werbung Aufmerksamkeit und Erinnerung positiv. Ob die Erinnerung an die Werbung oder die Marke durch den Einsatz von akustischen Stimuli verbessert wird, ist u. a. vom Involvement des Rezipienten abhängig (Alpert und Alpert 1991).

Zahlreiche Forschungsarbeiten belegen, dass im Sinne des Modalitätseffekts eine Kombination von akustischen und visuellen Reizen einen positiven Einfluss auf die Verstehens- und Erinnerungsleistungen hat. Dies resultiert daher, da in unterschiedlichen Modalitäten kodierte Informationen kognitiv besser integriert werden (Moreno und Mayer 1999). Vor allem unerfahrene Nutzer zeigen bei einer Darbietung von visuellen Textinformationen in Kombination mit auditiv-verbalen Elementen eine bessere Informationsverarbeitung.

Ein wichtiges Gestaltungselement in der Markenkommunikation sind verbale Reize. So können paraverbale Zusatzinformationen (u. a. Akzent) die zu vermittelnden Informationen persönlicher wirken lassen. Beispielsweise kann die Verwendung akustischer Reize im Internet zu einer Erhöhung der Bildbetrachtungszeiten der Rezipienten führen.

Sharma und Stafford (2000) konnten feststellen, dass eine Ladenatmosphäre, die durch eine gehobene Ausstattung, gedeckte Farben und mit dazu passender klassischer Hintergrundmusik charakterisiert ist, die subjektiv wahrgenommene Glaubwürdigkeit des Verkaufspersonals erhöht. Die Ergebnisse von Hui et al. (1997) zeigen eine Verbesserung der Beurteilung des Service durch die Verwendung von Musik im Service-Bereich (u. a. Restaurant). Nach Peevers et al. (2009) kann Musik die wahrgenommene Wartezeit in der Telefonwarteschleife signifikant reduzieren.

Die empirischen Studienergebnisse von Roth (2005) zeigen, dass Musik bzw. Geräusche, die besonders auffällig gestaltet sind, die Aufmerksamkeit der Rezipienten gegenüber kommunikativen Maßnahmen beeinflussen können. Es soll eine Sympathie zum Unternehmen bzw. zum Produkt oder zur Marke hergestellt und vor allem eine hohe Wiedererkennung erreicht werden. Dabei spielen Melodik und Harmonik eine bedeutende Rolle. Die Ergebnisse einer Studie von Langeslag et al. (2013) zeigen, dass die Verwendung von Sound Logos in Videogames zwar die Markenerinnerung signifikant unterstützen kann, jedoch keinen Einfluss auf das Markenimage ausübt.

Nach den Ergebnissen von Kellaris und Rice (1993) hat das Geschlecht einen moderierenden Einfluss auf Reaktionen hinsichtlich der Lautstärke von Musik. So reagieren Frauen signifikant positiver auf leise Musik, als auf laute Musik. Nach North und Hargreaves (2008) bevorzugen Frauen laut allgemeinem Muster „softer musical styles" (u. a. Pop-Musik), Männer hingegen „harder, more aggressive styles" (u. a. Hardrock-Musik).

Mehrere Studien kommen zum Ergebnis, dass eine dem Kontext angepasste Musik („musical-fit" bzw. „music-message fit") eine positive Wirkung auf die Einstellung zur Werbung, zur Marke und auf das Kaufverhalten erzielen kann. Die Ergebnisse von Kellaris und Mantel (1996) zeigen einen signifikanten positiven Einfluss von Stimulus-Kongruenz („stimulus congruity"), d. h. die Übereinstimmung der durch Musik hervorgerufenen Bedeutung mit jener der Werbebotschaft, auf die wahrgenommene Dauer von Werbung. Wie Kellaris et al. (1993) herausgefunden haben, beeinflussen Stimulus-Kongruenz und der Wert der Aufmerksamkeitssteigerung („attention-gaining value") in Wechselwirkung die Rezeption der Werbebotschaft. Aufbauend auf dieser Studie empfehlen Shen und Chen (2006) den Einsatz kongruenter Musik in der Werbung.

Areni und Kim (1993) konnten empirisch nachweisen, dass in einem Weingeschäft, in dem klassische Musik (u. a. Mozart) im Hintergrund gespielt wurde, signifikant höhere Umsätze erzielt werden, als mit aktueller Top-Forty Musik. Nach Salzmann (2007) muss die gewählte Musik kongruent zum erlebnisorientierten Ladengestaltungsthema sein (z. B. Reggae-Musik zum karibischen Urlaubserlebnis eines Bademodegeschäftes), um eine positive emotionale Anmutung zu erreichen.

Letztlich beeinflussen auch Faktoren, die vom kommunikativen Absender nicht selbst beeinflusst werden können, die (emotionale) Wirkung von akustischen Reizen, insbesondere Musik. Dazu gehören u. a.

Geschlecht, Alter, kultureller Hintergrund des Hörers, Einstellung, momentane Stimmung, aktuelle Situation des Rezipienten, musikalisches Training des Zuhörers, Gefallen, Vertrautheit, als auch bestimmte Erinnerungen, die mit einem Musikstück assoziiert werden.

Ausgeprägte Einstellungen zu einer Marke haben einen starken Einfluss auf das Konsumentenverhalten. Die Einstellung zur beworbenen Marke gilt sogar als wichtigste Determinante des Kaufverhaltens. Da Einstellungen als besonders verhaltensprägend und relativ leicht kommunikativ beeinflussbar gelten, haben sie unter allen Konstrukten des Konsumentenverhaltens eine herausragende Bedeutung erlangt.

Einfluss auf die Einstellungen zur Marke erfolgt u. a. durch das vorhandene Wissen des Konsumenten über Produktkategorie und Marke. So erleichtert das vorhandene Wissen über eine Produktkategorie die Verarbeitung von Werbebotschaften, die idealerweise zu einer positiven Beeinflussung der Einstellungen zur Werbung bzw. zur Marke führen. Je mehr die Konsumenten über die beworbene Produktkategorie wissen, mit ihr vertraut sind oder sie verwenden, desto positiver ist die Einstellung der Rezipienten zum beworbenen Produkt. Um eine bereits erfolgte Schemazuordnung von Marken nachhaltig zu ändern, bedarf es eines großen Aufwandes.

Eine positive Einstellung zur Marke wird mit der Markenpräferenz gleichgesetzt. Da sich Präferenzen jedoch auf die Bildung von Rangfolgen zwischen Einstellungsobjekten beziehen, ist die Markenpräferenzen eine relative Einstellung. So kann ein Konsument positive Einstellungen gegenüber mehreren Marken haben. Letztlich ist es Ziel eines jeden Unternehmens, dass seine Marke(n) vom Konsumenten präferiert bzw. gekauft werden.

Zahlreiche Forscher haben den Einfluss von Musik auf die Einstellung zur Marke untersucht. Wie Studien zeigen, wird die Einstellung zur Marke durch die Einstellung zur Werbung beeinflusst. So kann sich eine positive Einstellung gegenüber der Werbung in einer positiven Einstellung zur Marke niederschlagen.

Weitere Studien haben einen Einfluss der Einstellung zur Werbung auf die Kaufabsicht bestätigt. Zudem konnten Bichal et al. (1992) feststellen, dass sich die Einstellung zur Werbung auch auf die Markenwahl auswirkt. MacKenzie et al. (1986) konnten zeigen, dass Konsumenten das beworbene Produkt dann besser bewerten, wenn ihnen auch die Werbemaßnahme gefällt.

Die Einstellung zur Werbung ist grundsätzlich von der Einstellung zur Marke, die ebenfalls die Werbewirkung beeinflussen kann, zu unterscheiden. Letztlich ist die Einstellung zur Marke stabiler als die Einstellung zur Werbung, „da sie in der Regel auf vorhandenen, realen Markenerfahrungen beruht" (Föll 2007).

Nach Craton und Lantos (2011) wird die Einstellung zur Werbung durch die Einstellung zur Werbemusik signifikant beeinflusst. Die Einstellung zur Werbemusik umfasst wie die Einstellung zur Werbung sowohl kognitive als auch affektive Dimensionen.

Nach den Ergebnissen der Studie von Alpert und Alpert (1988) kann Musik dazu beitragen, dass Werbung als weniger störend oder irritierend empfunden wird sowie Ablehnung und Missfallen reduziert werden. Der Effekt zeigt sich vor allem bei Musik, die sich an bekannte Melodien anlehnt oder bei Werbung mit Jingles (Aaker und Bruzzone 1985). Galan (2009) konnte die Ergebnisse früherer Studien bestätigen, in denen empirisch nachgewiesen wurde, dass Musik, die als angenehm empfunden wird bzw. die den Musikpräferenzen der Rezipienten entspricht, die Einstellung zur Werbung und zur Marke als auch die Kaufabsicht verbessern kann.

Eine Studie von Park und Young (1986) hat gezeigt, dass bei der Verwendung von Musik in der Kommunikation kognitiv involvierte Testpersonen eine negativere Markeneinstellung und Verhaltensintentionen hatten, als Personen, denen keine Musik dargeboten wurde. Bei geringem Involvement kehrt sich der Effekt um, d. h. die Informationsverarbeitung wird bei Vorhandensein von Musik unterstützt, Markeneinstellung und Verhaltensintentionen werden mit Musik positiver angegeben.

Flath (2012) hat eine experimentelle Untersuchung zum Einfluss von Klangqualitäten auf die Wahrnehmung des Images eines Produktes im Kontext von Fernsehwerbung durchgeführt. Die Ergebnisse dieses Experiments zeigen nicht nur, dass Klangqualitäten unter größtmöglichem Ausschluss von Zeichenhaftigkeit unmittelbar kommunizieren, sondern auch wie feine Unterschiede von Klangqualitäten im Kontext einer spezifisch multimedialen Darbietung im semantischen Raum differenzieren. Roth (2005) konnte in ihrer Studie ermitteln, dass die Integration von Musik und Akustik in visuelle Szenen die Einstellung zur Marke und das innere Bild zur Marke fördert. Voraussetzung dazu ist jedoch, dass die visuellen und akustischen Reize zueinander passen. Es ist empirisch belegt, dass man beim Hören eines einprägsamen Jingles oder Liedes nochmals die bildlichen Szenen, die damit verknüpft sind, vor sein inneres Auge ruft und dadurch beim Hören bekannter Markenmusik eine Verstärkungswirkung erzielt wird. Dieser Effekt kann beispielsweise im Radio oder in Telefonschleifen verwendet werden.

Die Ergebnisse der Studie von Gorn (1982) zeigen, dass die Assoziation zwischen Produkt (konditionierter Stimulus) und Musik (unkonditionierter Stimulus) die Produktpräferenz beeinflussen kann. Weitere Studien haben herausgefunden, dass Musik am POS die Produktbeurteilung signifikant beeinflusst. Dies lässt sich auch auf die beworbene Marke und damit die Markenwahrnehmung und Markeneinstellung übertragen. Nach Chebat et al. (2001) muss Musik jedoch als passend zum POS wahrgenommen werden, um eine positive Einstellung gegenüber den POS zu besitzen.

Lavack et al. (2008) haben den Einfluss von „musical-fit" auf die Einstellung zur Radiowerbung und zur Marke untersucht. Die Ergebnisse zeigen, dass Markenkongruente Musik sowohl die Einstellung zur Werbung als auch die Einstellung zur Marke positiver beeinflusst als Musik ohne Marken-Fit bzw. keine Musik. So korrelieren beispielsweise akustische Reize, die allein einer atmosphärischen Anreicherung der Werbung dienen, negativ mit einer positiven Einstellungsänderung.

Die Ergebnisse von Zander (2006) zeigen, dass selbst Musik, die zur Marke passt, durch unterschiedliche Variationen (u. a. Musikstil, Tempo, Rhythmus) den Eindruck der beworbenen Marke verändern kann. Moosmayer und Melan (2010) haben empirisch nachgewiesen, dass die positive Beziehung zwischen wahrgenommenen Marken-Fit und Einstellungen der Konsumenten für Sound Logos stärker ist als für Hintergrundmusik. Um eine positive Wirkung von Musik in der Werbung zu erzielen, sollte das Musikstück jedenfalls sorgfältig ausgewählt und getestet werden.

Zahlreiche Studien haben den Einfluss von Hintergrundmusik auf das Konsumentenverhalten am POS, insbesondere auf das Kaufverhalten untersucht. Die Ergebnisse zeigen, dass Musik von den Konsumenten oft nicht bewusst wahrgenommen wird und den Kunden unbewusst in eine angenehme Stimmung versetzen kann. Dabei ist zu berücksichtigen, dass eine bewusst als unangenehm erlebte Musik sich negativer auf die Beurteilung der Einkaufsstätte auswirkt, als keine Musik. Wird Musik von den Konsumenten als unangenehm empfunden, so werten sie diese als einen Beeinflussungsversuch des Handelsunternehmens und reagieren mit typischem psychologischem Reaktanzverhalten (Kroeber-Riel et al. 2009).

Wie die Ergebnisse der Studie von Smith und Curnow (1966) zeigen, reduziert laute Musik im Supermarkt die Verweildauer der Kunden. Nach Milliman (1982) beeinflusst das Tempo der Musik in einem Supermarkt nicht nur die Geschwindigkeit, mit der sich die Kunden bewegen, sondern auch die Höhe des Umsatzes. So hielten sich die Kunden bei langsamer Hintergrundmusik signifikant länger im Supermarkt auf und haben (deshalb) im Durchschnitt signifikant mehr Geld ausgegeben, als jene Kunden, die schnelle Musik hörten.

Die Ergebnisse einer anderen empirischen Studie von Milliman (1986) zeigen, dass das Tempo der Hintergrundmusik in Restaurants einen signifikanten Einfluss auf die Dauer des Einnehmens der Mahlzeit hat. So haben jene Personen, die langsame Musik im Hintergrund hörten, signifikant länger gebraucht, um ihr Essen zu beenden und das Lokal zu verlassen, als Personen, die der schnellen Musik ausgesetzt waren. Caldwell und Hibbert (1999) konnten empirisch nachweisen, dass das Tempo der Hintergrundmusik im Restaurant nicht nur Einfluss auf die tatsächliche und wahrgenommene Verweildauer der Gäste hat, sondern auch auf die Höhe der Ausgaben. Kellaris und Kent (1991) haben einen wechselwirkenden Einfluss von Tempo und Tonalität der Musik auf die Verhaltensabsicht der Rezipienten festgestellt.

Die Ergebnisse der Studie von Wilson (2003) zeigen, dass der Musikstil (Jazz, Pop, Easy Listening, Klassik) nicht nur einen Einfluss auf die wahrgenommene Atmosphäre der Umgebung hat, sondern auch auf die Höhe der Ausgaben der Gäste. So konnten North und Hargreaves (1998) nachweisen, dass Pop- und Klassische Musik einen größeren positiven Einfluss auf die Kaufabsicht haben, als Easy Listening- oder keine Musik. Nach Kellaris und Kent (1994) bereitet schnelleres Tempo bei klassischer Musik signifikant mehr Freude, bei Pop-Musik hingegen mehr Erregung („arousal").

Herrington und Capella (1996) haben einen Einfluss der Präferenz für gespielte Hintergrundmusik während des Einkaufens auf das Kaufverhalten festgestellt. So haben sich bei Probanden, denen die Hintergrundmusik gefiel, sowohl die Dauer des Einkaufens als auch die Ausgaben erhöht.

North und Hargreaves (1996) haben herausgefunden, dass eine positive Korrelation besteht zwischen dem Gefallen der Musik und dem Gefallen der Atmosphäre am POS, als auch der Wiederbesuchsabsicht des POS.

Alpert et al. (2005) haben in ihrer Studie herausgefunden, dass sich die Kaufwahrscheinlichkeit erhöhen lässt, wenn Musik Emotionen hervorruft, die mit dem Symbolgehalt des Produktkaufes übereinstimmen. Wie die Ergebnisse der Studie von North et al. (1999) zeigen, beeinflusst Musik mit starker nationaler Assoziation die Produktwahl. So wurden in einem Supermarkt bei französischer Musik signifikant mehr französische Weine als deutsche Weine und umgekehrt gekauft.

Nach Lantos und Craton (2012) beeinflusst das Zusammenspiel der folgenden vier Variablen das Verhalten der Rezipienten bei akustischen Stimuli in der Kommunikation: „the listening situation", „the musical stimulus", „listener characteristics" und „the listener's advertising processing strategy".

Im Rahmen von Sound Marketing gewinnt das noch junge Forschungsfeld „Sound Symbolism" zunehmend an Bedeutung. Darunter versteht man „the direct linkage between sound and meaning" (Hinton et al. 1994). Mehrere Studien haben empirisch nachgewiesen, dass in bestimmten Sprachen Töne systematisch in einer Art „Sound Symbolism" genutzt werden. So werden hohe Töne in Wörtern überwiegend mit „klein", „nahe" oder „eng" assoziiert, tiefe Töne hingegen werden mit der Vorstellung „groß" in Verbindung gebracht.

Zahlreiche Studien haben die Wirkung des Markennamens auf Konsumenten untersucht. So konnte empirisch nachgewiesen werden, dass die Buchstabenform („letter shape") die Wahrnehmung der Marke beeinflusst (Doyle und Bottomley 2011). Zudem werden Markennamen, die phonetische Klangwiederholungen beinhalten (z. B. Coca-Cola), positiver bewertet (Argo et al. 2010). Die Phoneme eines Markennamens können auch Auswirkungen auf die Produktevaluation haben. So sind Markennamen, die produktbezogene Informationen vermitteln, beliebter und einprägsamer (Klink 2001). Zudem kann die Produkterfahrung verbessert werden, sofern der Klangsymbolismus des Markennamens die produktbezogenen sensorischen Erwartungen (über)trifft (Spence 2012).

> **Ihr Transfer in die Praxis**
>
> - Wie wirkt Musik in der Werbung auf Sie?
> - Haben Sie einen Lieblings-Jingle oder ein bevorzugtes Sound Logo? Wenn ja, warum genau dieses?
> - Achten Sie beim nächsten Einkauf im Handel bewusst auf die Musik.

Literatur

Aaker DA, Bruzzone DE (1985) Causes of irritation in advertising. J Mark 49:47–57

Allan D (2006) Effects of popular music in advertising on attention and memory. J. Adverti Res December 2006:434–444

Alpert CT, Alpert MI (1988) Background music as an influence in consumer mood and advertising responses. Adv Consum Res 16:485–491

Alpert JI, Alpert MI (1991) Contributions from a musical perspective on advertising and consumer behavior. Adv Consum Res 18:232–238

Areni CS, Kim D (1993) The influence of background music on shopping behavior: classical versus top-forty music in a wine-store. In: McAlister L, Rothschild ML (Hrsg) Advances in Consumer Research, Provo, UT, 20:336–340

Alpert MI, Alpert JI, Maltz EN (2005) Purchase occasion influence on the role of music in advertising. J Bus Res 58:369–376

Argo JJ, Popa M, Smith MC (2010) The sound of brands. J Mark 74(July):97–109

Behne K-E (2003) Hintergrundmusik: Wirkung und Wirkungslosigkeit von Musik. In: Huber L/Kahlert J (Hrsg): Hören lernen. Musik und Klang machen Schule, Braunschweig, Westermann, 49–55

Biehal G, Stephens D, Curlo E (1992) Attitude toward the ad and brand choice. J Advert 21(3):19–36

Bruner GC (1990) Music, mood and marketing. J Mark 54(4):94–104

Caldwell C, Hibbert SA (1999) Play that one again: the effect of music tempo on consumer behaviour in a restaurant. Eur Adv Consum Res 4:58–62

Chebat J, Chebat CG, Vaillant D (2001) Environmental background music and in-store selling. J Bus Res 54:115–123

Craton LG, Lantos GP (2011) Attitude toward the advertising music: an overlooked potential pitfall in commercials. J Consum Mark 28(6):396–411

Doyle JR, Bottomley PA (2011) Mixed messages in brand names: separating the impacts of letter shape from sound symbolism. Psychol Mark 28(7):749–762

Flath B (2012) Sound und image. Eine experimentelle Untersuchung zum Einfluss von Klangqualitäten auf die Wahrnehmung eines Produktimages im Kontext von Fernsehwerbung. Epos, Osnabrück

Flückiger B (2001) Sound design. Die virtuelle Klangwelt des Films. Schüren, Marburg

Föll K (2007) Consumer insight. Emotionspsychologische Fundierung und praktische Anleitung zur Kommunikationsentwicklung. DUV, Wiesbaden

Galan J-P (2009) Music and responses to advertising: the effects of musical characteristics, likeability and congruency. Rech Appl Mark 24(4):3–22

Gaver WW (1988) Everyday listening and auditory icons. Dissertation, University of California, San Diego

Gorn GJ (1982) The effects of music in advertising on choice behaviour: a classical conditioning approach. J Mark 46(1):94–101

Haverkamp M (2001) Synästhetische Wahrnehmung und Geräuschdesign. In: Becker K (Hrsg) Subjektive Fahreindrücke sichtbar machen II. Haus der Technik Fachbuch 12, Expert, Renningen-Malmsheim

Helms S (1981) Musik in der Werbung. Materialien zur Didaktik und Methodik des Musikunterrichts, Bd 10. Breitkopf & Härtel, Wiesbaden

Herrington JD, Capella LM (1996) Effects of music in service environments—a field study. J Serv Mark 10(2):26–41

Hevner K (1936) Experimental studies of the elements of expression in music. Am J Psychol 48(April):246–268

Holbrook MB, Bertges SA (1981) Perceptual veridicality in esthetic communication: a model, general procedure and illustration. Commun Res 8(4):387–424

Hinton L, Nichols J, Ohala J (1994) Introduction: sound-symbolic processes. In: Hinton L, Nichols J, Ohala J (Hrsg) Sound symbolism. University Press, Cambridge, S 1–12

Hui MK, Dube L, Chebat J-C (1997) The impact of music on consumers' reactions to waiting for services. J Retail 73(1):87–104

Kellaris JJ, Kent RJ (1991) Exploring tempo and modality effects, on consumer responses to music. Adv Consum Res 18:243–248

Kellaris JJ, Cox AD, Cox D (1993) The effect of background music on ad processing: a contingency explanation. J Mark 57(4):114–125

Kellaris JJ, Rice RC (1993) The influence of tempo, loudness, and gender of listener on responses to music. Psychol Mark 10(1):15–29

Kellaris JJ, Kent RJ (1994) An exploratory investigation of responses elicited by music varying in tempo, tonality, and texture. J Consum Psychol 2(4):381–401

Kellaris JJ, Mantel SP (1996) Shaping time perceptions with background music: the effect of congruity and arousal on estimates of ad durations. Psychol Mark 13(5):501–515

Kesseler H (2004) Didaktische Strategien beim Wissenstransfer im Spannungsfeld von bildungsdidaktischen und kommunikationswissenschaftlichen Ansprüchen. Univ, Diss, München

Klink RR (2001) Creating meaningful new brand names: a study of semantics and sound symbolism. J Mark Theory Pract 9(2):27–34

Kroeber-Riel W, Weinberg P, Gröppel-Klein A (2009) Konsumentenverhalten, 9 Aufl. Vahlen, München

Langeslag P, Schwieger J, Sinn M (2013) The influence of sound design in videogames on brand awareness: an acoustic branding study for MLP and the audio consulting group. In: Bronner K, Hirt R, Ringe C (Hrsg) Audio Branding Academy Yearbook 2012/2013. Nomos, Baden-Baden, S 199–208

Lantos GP, Craton LG (2012) A model of consumer response to advertising music. J Consum Mark 29(1):22–42

Lavack AM, Thakor MV, Bottausci I (2008) Music-brand congruency in high- and low-cognition radio advertising. Int J Advert 27(4):549–568

Linxweiler R (2004) Marken-design: Marken entwickeln, Markenstrategien erfolgreich umsetzen, 2 Aufl. Gabler, Wiesbaden

MacKenzie SB, Lutz RJ, Belch G (1986) The role of attitude toward the ad as a mediator of advertising effectiveness: a test of competing explanations. J Mark Res 23(2):130–143

Milliman RE (1986) The influence of background music on the behavior of restaurant patrons. J Consum Res 13(2):286–289

Milliman RE (1982) Using background music to affect the behavior of supermarket shoppers. J Mark 46(3):86–91

Moosmayer DC, Melan M (2010) The impact of sound logos on consumer brand evaluation. Working Paper, University of Nottingham Business School China

Moreno R, Mayer RE (1999) Cognitive principles of multimedia learning: the role of modality and contiguity. J Educ Psychol 91(2):358–368

Möser M (2009) Technische Akustik, 8 Aufl. Springer, Berlin/Heidelberg

North AC, Hargreaves DJ (1996) The effects of music on responses to a dining area. J Environ Psychol 16:55–64, (zit. 1996)

North AC, Hargreaves DJ (1998) The effect of music on atmosphere and purchase intentions in a cafeteria. J Appl Psychol 28(4):2254–2273

North AC, Hargreaves DJ, McKendrick J (1999) The influence of in-store music on wine selections. J Appl Psychol 84(2):271–276

North AC, Hargreaves DJ (2008) The social and applied sychology of music. Oxford University Press, Oxford

Park CW, Young SM (1986) Consumer response to television commercials: the impact of involvement and background music on brand attitude formation. J Mark Res 23(February):11–24

Peevers G, McInnes F, Morton H, Matthews A, Jack MA (2009) The mediating effects of brand music and waiting time updates on customers' satisfaction with a telephone service when put on-hold. Int J Bank Mark 27(3):202–217

Rigg MG (1937) An experiment to determine how accurately college students can interpret intended meanings of musical compositions. J Exp Psychol 21:223–229

Rigg MG (1940) Speed as a determiner of musical mood. J Exp Psychol 27:566–571

Roederer JG (2000) Physikalische und psychoakustische Grundlagen der Musik, 3 Aufl. Springer, Berlin

Roth S (2005) Akustische Reize als Instrument der Markenkommunikation. Gabler, Wiesbaden

Rösing H (2009) Was leistet Musik für die Gesellschaft? Anmerkungen aus rezeptions- und sozialpsychologischer Sicht. In: Bader R (Hrsg) Musikalische Akustik, Neurokognition und Musikpsychologie. Universität Hamburg, Frankfurt a. M., Peter Lang, Aktuelle Forschung der Systematischen Musikwissenschaft am Institut für Musikwissenschaft, S 275–284

Salzmann R (2007) Multimodale Erlebnisvermittlung am point of sale: Eine verhaltens-wissenschaftliche Analyse unter besonderer Berücksichtigung der Wirkungen von Musik und Duft. Gabler, Wiesbaden

Schramm H, Kopiez R (2011) Die alltägliche Nutzung von Musik. In: Bruhn H, Kopiez R, Lehmann AC (Hrsg) Musikpsychologie. Das neue Handbuch, 3 Aufl. Rowohlt, Reinbek bei Hamburg, S. 253–265

Sharma A, Stafford TF (2000) The effect of retail atmospherics on customer's perceptions of salespeople and customer persuasion: an empirical investigation. J Bus Res 49(2):183–191

Shen Y-C, Chen T-C (2006) When east meets west: the effect of cultural tone congruity in ad music and message on consumer ad memory and attitude. Int J Advert 25(1):51–70

Smith P, Curnow R (1966) Arousal hypothesis and the effects of music on purchasing behaviour. J Appl Psychol 50(3):255–256

Spence C (2012) Managing sensory expectations concerning products and brands: capitalizing on the potential of sound and shape symbolism. J Consum Psychol 22(1):37–54

Spitzer M (2002) Musik im Kopf. Schattauer, Stuttgart

Springer C (2008) Multisensuale Markenführung: eine Analyse unter besonderer Berücksichtigung von Brand Lands in der Automobilwirtschaft. Gabler, Wiesbaden

Stoffer T (2011) Kurze Geschichte der Musikpsychologie. In: Bruhn H, Kopiez R, Lehmann AC (Hrsg) Musikpsychologie. Das neue Handbuch, 3 Aufl. Rowohlt, Reinbek bei Hamburg, S. 655–664

Wilson S (2003) The effect of music on perceived atmosphere and purchase intentions in a restaurant. Psychol Music 31(1):93–112

Zander MF (2006) Musical influences in advertising: how music modifies first impressions of product endorsers and brands. Psychol Music 34(4):465–480

3
Markenrecht – Die Klangmarke

Zusammenfassung Markenformen bestimmen die unterschiedlichen Wirkungsarten von Marken als Kommunikationszeichen auf die menschlichen Sinnesorgane. Marken können sowohl den visuellen, den auditiven, den olfaktorischen, den gustatorischen als auch den haptischen Sinn ansprechen. Dabei besitzen die eintragungsfähigen Marken verschiedene Formen. Die Klangmarke ist eine von 14 unterschiedlichen Markenformen, die im Deutschen Patent und Markenamt (DPMA) registriert werden kann. Durch das in 2019 in Kraft getretene Markenrechtsmodernisierungsgesetz (MaMoG) kam es zu bedeutsamen Änderungen im Markengesetz und in der Markenverordnung. Eine bedeutsame Änderung ist der Wegfall der grafischen Darstellbarkeit von Markenformen. So können – Schutzfähigkeit vorausgesetzt – beispielsweise geräuschhafte Klangmarken (ehemalig Hörmarken) oder Multimediamarken in den vorgesehenen elektronischen Formaten sowie sonstige Markenformen eingetragen werden.

> **Was Sie aus diesem Kapitel mitnehmen – Sie erkennen**
>
> - Welche Markenformen das Markenregister des DPMA unterscheidet.
> - Welche Begriffe für Klangmarke sonst noch im deutschsprachigen Raum verwendet werden.
> - Welche Änderungen sich für die Eintragung von Klangmarken durch das in 2019 in Kraft getretene Markenrechtsmodernisierungsgesetz (MaMoG) ergeben.
> - Wie lange die Schutzdauer einer eingetragenen Klangmarke anhält.
> - Wie viele Klangmarken derzeit als nationale Deutsche Marke im Markenregister des DPMA registriert sind.

Das Markenrecht ist ein Teilgebiet des sogenannten Kennzeichenrechts, das neben dem Markenrecht auch den Schutz von Namen und Firmenkennzeichen oder den Schutz von Werktiteln umfasst. In Deutschland beinhaltet das Markengesetz (MarkenG) gemäß § 3 Abs1 MarkenG folgende Definition:

„Als Marke können alle Zeichen, insbesondere Wörter einschließlich Personennamen, Abbildungen, Buchstaben, Zahlen, Klänge, dreidimensionale Gestaltungen einschließlich der Form einer Ware oder ihrer Verpackung sowie sonstige Aufmachungen einschließlich Farben und Farbzusammenstellungen geschützt werden, die geeignet sind, Waren oder Dienstleistungen eines Unternehmens von denjenigen anderer Unternehmen zu unterscheiden." (Markengesetz 2021).

Während die Marke dem Konsumenten als Kennzeichnung von Waren und Dienstleistungen eines Unternehmens dient, stellt sie für Unternehmen im geschäftlichen Verkehr ein Abgrenzungsmittel gegenüber anderen dar. Marken können für die Qualität eines Unternehmens stehen, zählen ebenso wie Patente zu dessen geistigem Eigentum und stellen schließlich einen Vermögenswert dar. Rechtlich gesehen ist die Marke ein territorial begrenztes, selbstständiges Vermögensrecht. Sie lässt sich durch ihre Registrierung leichter gegen Nachahmende verteidigen, die unberechtigt an Ihrem Erfolg teilhaben wollen.

Die Komplexität der markenrechtlichen Schutzfähigkeit führt dazu, dass die miteinander verwobenen multisensualen Markeneindrücke nicht oder nur unter unverhältnismäßig hohem Aufwand vom Wettbewerb imitiert werden können. Grundsätzlich unterscheidet man in diesem Zusammenhang zwischen Markenpiraterie, Produktpiraterie und dem sogenannten Counterfeiting. Während Markenpiraterie eine Nachahmung des Markennamens voraussetzt, der in weiterer Folge für gleichartige Waren eingesetzt wird (Beispiel: Lacoste-Krokodil auf Handschuhen), handelt es sich bei Produktpiraterie um eine Nachahmung des Produktes, welches mit einem fremden Markenzeichen versehen wird (Beispiel: Ritter-Sport-Verpackung wird imitiert). Beim Counterfeiting werden die vorangegangenen Nachahmungen kombiniert (Beispiel: das imitierte Lacoste-Krokodil wird auf T-Shirts eingesetzt) (Esch und Geus 2005).

Aufgrund des wachsenden Konkurrenzkampfes sowie der zunehmenden Intensität der Markenpiraterie hat der rechtliche Schutz von Marken und Markenzeichen stark an Bedeutung gewonnen. Die Aufgabe des Markenschutzes besteht darin, alle schutzfähigen Brand Icons (Name, Logo, markenspezifische Melodien etc.) vor dem Zugriff und Missbrauch durch die Konkurrenz rechtlich abzusichern, um einer Erosion des Markenwertes vorzubeugen. Bevor man seine Marke anmeldet, sollten jedoch grundsätzliche Fragen zu Schutzmöglichkeiten, Kollisionsgefahr, Recherche, Verfahren, Kosten oder Auslandsschutz geklärt werden. Als rechtliche Grundlage wird für dieses Kapitel das deutsche (Marken)Recht herangezogen.

Am 14.01.2019 trat das Markenrechtsmodernisierungsgesetz (MaMoG) und damit die Novellierung des Markengesetzes (MarkenG) in Kraft. Das Gesetz setzte die EU-Markenrechtsrichtlinie 2015/2436 vom 16. Dezember 2015 in nationales Recht um und führte unter anderem zu Änderungen im Markengesetz und in der Markenverordnung (Markenrechtsmodernisierungsgesetz).

Eine bedeutsame Änderung ist der Wegfall der grafischen Darstellbarkeit. Mussten Registermarken bis dahin grafisch darstellbar sein, genügt es nun, dass sie eindeutig und klar bestimmbar sind. Diese Änderung trägt den Bedürfnissen des Marktes nach modernen Markenformen Rechnung und orientiert sich an den technischen Möglichkeiten zur Darstellung einer Marke im elektronischen Register. So können – Schutzfähigkeit vorausgesetzt – beispielsweise geräuschhafte Klangmarken (ehemalig Hörmarken), Multimediamarken oder Hologramme in den vorgesehenen elektronischen Formaten sowie sonstige Markenformen eingetragen werden.

Die Gesetzesänderung ist Teil einer umfassenden europäischen Markenrechtsreform, die die Koexistenz der verschiedenen Markensysteme innerhalb der EU fördern und ein kohärentes System von nationalen und unionsweiten Markenrechten erreichen soll. Ein weiteres Ziel des Gesetzes ist die effektive Bekämpfung der wachsenden Produktpiraterie. Die Grundtendenz des MaMoG ist klar auf die Stärkung der Rechte des Markeninhabers ausgerichtet.

Die Schutzdauer einer eingetragenen Marke endet genau 10 Jahre nach dem Anmeldetag, wobei die Schutzdauer immer wieder um 10 Jahre verlängert werden kann. Somit ist eine Marke unbegrenzt verlängerbar und kann sozusagen ewig existieren. Wird eine Marke jedoch nach der Eintragung innerhalb eines Zeitraumes von fünf Jahren nicht benutzt, so kann es auf Antrag wegen Verfalls zu einer Löschung der Marke aus dem Markenregister kommen. Außerdem kann die Eintragung der Marke auf Antrag wegen Nichtigkeit aufgrund absoluter Schutzhindernisse gelöscht werden.

Der Markeninhaber erwirbt mit der Eintragung in das Markenregister das alleinige Recht, die Marke für die geschützten Waren und/oder Dienstleistungen zu benutzen. Der Inhaber der Marke besitzt die Befugnis, seine Marke zu verkaufen, andere Marken zu kaufen oder ein Nutzungsrecht an seiner Marke einzuräumen (Markenlizenz). Bei Verletzung seines Markenrechts stehen dem Inhaber der Marke Unterlassungsansprüche bzw. Schadenersatzansprüche zu.

Markenformen bestimmen die unterschiedlichen Wirkungsarten von Marken als Kommunikationszeichen auf die menschlichen Sinnesorgane. Marken können sowohl den visuellen, den auditiven, den olfaktorischen, den gustatorischen als auch den haptischen Sinn ansprechen. Dabei besitzen die eintragungsfähigen Marken sehr unterschiedliche Formen.

Derzeit (Stand: Mai 2024) unterscheidet das Markenregister des DPMA folgende Markenformen: Wortmarke, Bildmarke, Wort-/Bildmarke, Farbmarke, Hörmarke, Klangmarke, Dreidimensionale Marke (insbesondere Warenverpackungen), Kennfadenmarke, Positionsmarke,

Mustermarke, Bewegungsmarke, Multimediamarke, Hologrammmarke und Sonstige Marke. Tab. 3.1 fasst die Markenformen zusammen. Analysiert man die Anzahl der Registrierungen der unterschiedlich klassifizierten Markenformen in Deutschland, Österreich, der Schweiz und im Amt der Europäischen Union für Geistiges Eigentum (EUIPO), so kann festgehalten werden, dass Wortmarken, Wort-/Bildmarken und Bildmarken mit Abstand den größten Anteil daran ausmachen. Somit sprechen die eingetragenen Markenformen überwiegend den visuellen Sinn an. Die restlichen Markenformen spielen im Vergleich (noch) eine untergeordnete Rolle, wobei auf Dreidimensionale Marken, Klangmarken und Farbmarken die meisten Eintragungen entfallen. Markenformen, die den Geruchssinn oder Geschmackssinn ansprechen, können derzeit nur als „Sonstige Marke" in das Markenregister eingetragen werden.

„Klangmarken sind Marken aus wahrnehmbaren Klängen. Dazu gehören neben musikalischen Klangmarken auch das gesprochene bzw. gesungene Wort sowie rein geräuschhafte Klangbilder. Die Darstellung von Klangmarken ist als mp3-Datei auf einem Datenträger oder mittelbar durch eine zweidimensionale grafische Darstellung auf Papier oder als JPEG-Datei auf einem Datenträger möglich. Die mittelbare grafische Darstellung hat in einer üblichen Notenschrift zu erfolgen, also durch ein in Takte gegliedertes Notensystem, das einen Notenschlüssel, Noten- und Pausenzeichen sowie gegebenenfalls Vorzeichen enthält." (DPMA 2024). Im Gegensatz zu den ehemaligen Hörmarken können Klangmarken somit ohne grafische Darstellung eingetragen werden.

Im Markenrecht herrscht im deutschsprachigen Raum hinsichtlich des Begriffs „Klangmarke" keine einheitliche Terminologie. So wer-

Tab. 3.1 Markenformen des DPMA

Wortmarke	Bildmarke
Wort-/Bildmarke	Farbmarke
Hörmarke (alt)	Klangmarke (neu)
Dreidimensionale Marke	Kennfadenmarke
Positionsmarke	Mustermarke
Bewegungsmarke	Multimediamarke
Hologrammmarke	Sonstige Marke

den die Begriffe Klangmarke (Deutschland, Österreich), Hörmarke (Deutschland, EUIPO) und Akustische Marke (Schweiz) verwendet.

Markenschutz für akustische Signale kann heute gemäß § 4 MarkenG auf drei Wegen entstehen. Einerseits durch Eintragung des akustischen Signals als Marke in das beim DPMA geführte Markenregister. Andererseits durch Erlangung von Verkehrsgeltung in Folge der Benutzung eines akustischen Zeichens im geschäftlichen Verkehr. Markenschutz für akustische Signale kann auch durch notorische Bekanntheit begründet werden.

Grundsätzlich kann eine Klangmarke nationalen, europäischen und internationalen Markenschutz erlangen. So kann eine Klangmarke nicht nur als nationale Klangmarke beim DPMA (nationaler Schutz) eingetragen werden, sondern auch als Unionsmarke beim EUIPO in Alicante (Spanien), wodurch die Klangmarke in allen 27 Mitgliedstaaten der Europäischen Union (EU) geschützt ist (europäischer Schutz). Die Unionsmarke ist für diejenigen von Vorteil, die länderübergreifend im europäischen Raum tätig sein wollen. Außerdem besteht die Möglichkeit, die Klangmarke nach der Bestimmung des Madrider Markenabkommens (MMA) bei der World Intellectual Property Organization (WIPO) in Genf als internationale Marke anzumelden (internationaler Schutz). Dieser Schutz kann bis zu 80 Länder umfassen.

Die Schutzdauer einer eingetragenen Klangmarke beginnt mit dem Anmeldetag und hat sowohl in Deutschland, Österreich und der Schweiz, als auch beim EUIPO und der WIPO eine Gültigkeit von 10 Jahren. Da die Schutzdauer von Marken immer wieder um 10 Jahre verlängert werden kann, ist eine Klangmarke unbegrenzt verlängerbar und kann sozusagen ewig existieren.

Da ein akustisches Markenzeichen neben einer Eintragung als Marke in das DPMA auch im Sinne des Urhebergesetzes (UrhG) als Werk schutzfähig sein kann, ist es dahingehend (vom Urheber) zu prüfen. Für die Entstehung des Markenschutzes ist es jedoch unerheblich, ob an der Tonfolge (Melodie), die Gegenstand der Klangmarke ist, ein Urheberrecht besteht. Es existieren auch Klangmarken, die nicht den Anforderungen an eine „musikalische Schöpfung" gerecht werden, wie z. B. eine Collage aus Naturgeräuschen oder ein elektronisches Sound Design. Hier greift das Markenrecht und folglich unterliegen jene Marken nicht der nutzungsrechtlichen Kontrolle durch die entsprechende Verwertungsgesellschaft (u. a. GEMA). Daher hat der Schöpfer auch keinen Anspruch auf Zahlung von Tantiemen. Dies könnte er aber mit dem Auftraggeber direkt, ohne die Verwertungsgesellschaft, ersatzweise vereinbaren. Dabei können die Tarife der jeweiligen Verwertungsgesellschaft herangezogen werden, um seine Lizenzen hochzurechnen.

Nur dem Urheber allein ist es gestattet, sein Werk für Werbezwecke freizugeben, da die Benutzung von geistigem Eigentum die sogenannten Persönlichkeitsrechte berührt. Entsprechend bedarf das werbliche Nutzungsrecht der ausdrücklichen Zustimmung sämtlicher Urheber, widrigenfalls stehen dem Urheber neben dem sofortigen Unterlassungsanspruch u. a. auch noch Anspruch auf Schadenersatz zu. Diese Einräumung des Nutzungsrechtes kann verschieden ausgestaltet sein. So kann man die Übertragung entweder auf eine bestimmte Dauer fixieren, sie räumlich oder auch inhaltlich abgrenzen. Demgegenüber steht ein Total-Buy-out, welches eine zeitlich und räumlich unbeschränkte Übertragung aller übertragbaren Nutzungsrechte auf den Lizenznehmer bei gleichzeitiger angemessener Vergütung vorsieht. Die Rechtsprechung fordert in diesem Zusammenhang eine Kausalität, d. h. der Ertrag muss in direktem Zusammenhang mit der Nutzung stehen (Loeber 2007). In Zeiten der fortschreitenden Digitalisierung und des immer schnelleren und besseren Zugangs zu Daten besteht die Gefahr, dass die Urheber schon bald für viele Nutzungen keine Vergütungen mehr erhalten, da die Kontrolle einfach nicht mehr möglich ist.

Die erste registrierte Hörmarke im DPMA ist das im Jahr 1995 eingetragene akustische Markenzeichen des Unternehmens Barmenia Krankenversicherung. Derzeit (Stand Mai 2024) sind insgesamt 170 Hörmarken und 42 Klangmarken als nationale Deutsche Marke im Markenregister des DPMA registriert.

Seit 1995 sind im DPMA folgende prominente Marken als Hörmarke bzw. Klangmarke registriert: Allianz, Audi, Bayer, BMW, Commerzbank, Deutsche Bahn, Lufthansa, Deutsche Telekom, Galeria Kaufhof, Henkel, Intel, McDonald's, Microsoft, Nokia, Philip Morris, ProSieben, REWE, Samsung, Siemens, Underberg, Vattenfall, Volkswagen, Vorwerk, Warsteiner und Zott.

Das Markenrecht befindet sich stets im Wandel und wird durch die Markenanmeldungen und durch die Entscheidungen der Gerichte ständig verändert und angepasst. Markeninhaber haben in den letzten Jahren große Anstrengungen unternommen, um ihre innovativen Markenformen in das Markenregister eintragen zu lassen. Diese Anmeldungen bzw. Registrierungen neuer Markenformen als auch das in 2019 in Kraft getretene MaMoG lassen hoffen, dass auch in Zukunft neue Markenformen zur Eintragung zugelassen werden und so den Bedürfnissen des Marktes nach modernen Markenformen Rechnung getragen wird. Der Wegfall der vormals notwendigen grafischen Darstellbarkeit von Markenformen erleichtert die Markenanmeldungen und orientiert sich an den technischen Möglichkeiten zur Darstellung einer Marke im elektronischen Register.

> **Ihr Transfer in die Praxis**
> - Prüfen Sie, ob und wie Sie Ihre Marke(n) im DPMA bzw. in anderen Markenämtern registrieren lassen können.
> - Nutzen Sie die Datenbank des DPMA, um etwaige Marken von Wettbewerbern zu analysieren.

Literatur

DPMA (2024) Markenformen und deren Darstellung. https://www.dpma.de/marken/anmeldung/erforderliche_angaben/markenformenundderendarstellung/index.html. Zugegriffen: 19. Mai 2024

Esch F-R, Geus P (2005) Ansätze zur Messung des Markenwertes. In: Esch F-R (Hrsg) Moderne Markenführung. Grundlagen. Innovative Ansätze. Praktische Umsetzungen, 4 Aufl. Gabler, Wiesbaden, S 1263–1306

Loeber M (2007) Akustische Marke oder Hörmarke? – Rechtliche Einordnung und Vergütungsmodelle. In: Bronner K, Hirt R (Hrsg) Audio Branding. Entwicklung, Anwendung, Wirkung akustischer Identitäten in Werbung, Medien und Gesellschaft, Reinhard Fischer, München, S 199–211

Markengesetz (2021) https://www.gesetze-im-internet.de/markeng/__3.html. Zugegriffen: 29. Apr 2021

Markenrechtsmodernisierungsgesetz (MaMoG) trat am 14.01.2019 in Kraft. https://www.haufe.de/recht/weitere-rechtsgebiete/wirtschaftsrecht/markenrechtsmodernisierungsgesetz-tritt-am-1412019-in-kraft_210_481612.html. Zugegriffen: 29. Apr 2021

4

Sound Marketing

Inhaltsverzeichnis

4.1 Akustische Markenelemente 57
4.2 Beispiele akustischer Markenelemente 68
4.3 Sound Design in der Automobilindustrie 89
4.4 Grenzen und Risiken von Sound Marketing 93

Zusammenfassung Unternehmen stehen vor der Herausforderung, ihre Markenwerte durch möglichst viele Sinne zu vermitteln, um damit die Unternehmens- und Produktmarken von der Konkurrenz explizit abzuheben und Konsumenten langfristig an ihre Marke zu binden. Dabei erscheint es nicht immer ausreichend, den Konsumenten lediglich über optische Reize anzusprechen. Marken werden mit allen Sinnen wahrgenommen, doch Klang wird im Vergleich zur visuellen Gestaltung stiefmütterlich behandelt. Grundsätzlich können durch Sound Marketing alle Marken gestärkt werden, wobei es hier genau zu analysieren gilt, in welchen Medien die Marke (akustisch) kommuniziert werden kann bzw. soll. Ziel ist es, ein konsistentes und umfassendes akustisches Bild der Marke entstehen zu lassen, einen unverwechselbaren Markenklang. Quer durch alle Branchen finden sich Beispiele bekannter Marken, die Sound Marketing erfolgreich einsetzen, wie u. a. Audi, Deutsche Telekom, Hyundai, Intel, Lufthansa, Nokia, Siemens und die Wiener Linien.

> **Was Sie aus diesem Kapitel mitnehmen – Sie erkennen**
>
> - Welche Kontaktpunkte mit Kunden für Sound Marketing zur Verfügung stehen.
> - Welche akustischen Markenelemente unterschieden werden.
> - Die unterschiedlichen Phasen des Managementprozesses von Sound Marketing.
> - Die Hintergründe von einigen populären akustischen Markenelementen.
> - Grenzen und Risiken von Sound Marketing.

Sound Marketing, Sound Branding, Audio Branding, Acoustic Branding oder Sonic Branding sind Begriffe, die im Zusammenhang mit dem Einsatz von akustischen Reizen im Rahmen der Markenkommunikation synonym verwendet werden. Sie beschreiben einen Vorgang, mit dem das Markenmanagement das zentrale Ziel verfolgt, eine profilierte und klar erkennbare markeneigene akustische Identität im Bewusstsein der Interessensgruppen zu verankern. Kurz gesagt: Sound Marketing bezeichnet die gezielte Nutzung akustischer Reize in der Kommunikation.

Bei Sound Marketing handelt es sich um einen Prozess, der sich über die Jahrhunderte entwickelt hat und heute angesichts der „immer mehr zunehmenden akustischen Überflutung und Verdichtung der Umwelt" (Spehr 2007) eine Notwendigkeit geworden ist. Im Zuge dieser Arbeit soll auf einen einheitlichen Begriff abgestellt werden, um so zum einen den Lesefluss dieser Arbeit zu erhöhen, als auch ein Stück zur Aufhebung der Verwirrung beizutragen, die durch die unterschiedlichen Begrifflichkeiten entsteht. Diese Arbeit stellt den Begriff „Sound Marketing" in den Mittelpunkt, der auf den Überlegungen von John Groves (2011) basiert:

4 Sound Marketing

„[Sound is] The generic term for everything hearable – be it music, sound effects, or other vibrations that travel through the air or another medium and become hearable. Although all encompassing, it suggests the source and the event itself, as opposed to the listening or hearing perspective."

„The term 'sound' seems to work best in all connotations and is thus semantically most suitable as the umbrella term for everything hearable. 'Audio' is also good, but it is nowhere near as flexible as 'sound'. 'Sonic' is largely associated with the speed of sound, and the hearing of bats. Curiously enough, the term 'sonic branding' was hip in the UK during the late 1990 s but has since lost ground", so Groves (2011). Nach Raffaseder (2007) hat der Begriff „Sound" keine gleichbedeutende deutsche Entsprechung. Er umfasst „jedes klingende Ereignis, also Sprache, Klänge und Geräusche".

Abhängig davon, ob Sound Marketing auf ein Unternehmen (corporation) oder eine Marke (brand) angewendet wird, spricht man von Corporate Sound bzw. Brand Sound. Hingegen wird das Resultat der bewussten akustischen Gestaltung eines Produktes (z. B. Menüführung von technischen Geräten, Klang des Fahrzeugmotors) als Product Sound bezeichnet. Im vorliegenden Werk wird zur Vereinfachung stets von der akustischen Gestaltung einer Marke (Produkt- bzw. Dienstleistungsmarke) ausgegangen, weshalb die Begriffe Unternehmens- und Markenidentität (Corporate bzw. Brand Identity) synonym verwendet werden.

Grundsätzlich ist das Markieren von Produkten (Branding) ein Versprechen, nämlich das Versprechen, sowohl den Konsumenten als auch den Hersteller zu schützen. Die Ziele, die mit der Markierung von Produkten verfolgt werden, haben sich im Lauf der Zeit eigentlich nicht verändert. So zielt das heutige Bestreben des Markenmanagements darauf ab, dass die Markierung dem Produkt ein einzigartiges, kaufrelevantes Image verleihen soll.

Branding existiert schon seit mehreren Jahrhunderten und findet sich in sämtlichen Hochkulturen. Während die Ägypter Ziegelsteine, die den Weg zu den Pharaonen-Gräbern wiesen, mit Symbolen versahen, um ihre Identität zu kennzeichnen, forderten mittelalterliche Gilden von ihren Mitgliedern die Markierung der Produkte zur Hervorhebung der konsistenten Qualität und zur Abgrenzung von konkurrierenden Herstellern. Branding ist demnach eine typische Erscheinungsform entwickelter Wirtschaftssysteme.

Heutzutage ist das Branding auf allen Handelsstufen und in allen Branchen weit verbreitet. Neben privaten Unternehmen werden aufgrund von Deregulierungen, Privatisierungen und drastischer Reduzierung staatlicher Subventionen im öffentlichen Dienst auch zunehmend öffentliche Einrichtungen wie Schulen, Krankenhäuser oder Universitäten gefordert, sich mittels Branding von ähnlichen Einrichtungen abzuheben. Die steigende Bedeutung von Branding ist vor allem auf die folgenden drei Entwicklungen zurückzuführen:

- Unternehmensfusionen und -aufkäufe,
- die Globalisierung der Märkte und
- die Zunahme neuer Marken

Im Jahr 1905 wurde erstmals die Nutzung eines Musikstückes zu Werbezwecken dokumentiert. Es war zu einer Zeit, als die Automobilbranche ein enormes Wachstum verzeichnete. Gus Edwards entwickelte den Unternehmenssong „In my merry Oldsmobile", welcher in den Kreisen begeisterter Oldsmobile-Autokäufer bald berühmt wurde. Das Unternehmen „Oldsmobile Motor Company" entschied sich daraufhin durch den unverhofften Erfolg, diesen Titel fortan für ihre Marketingkommunikation zu nutzen.

Als die Ära der kommerziellen Radios in den 1920er Jahren begann, folgte die Etablierung von Radiowerbespots und Jingles als Erkennungsmelodien und Abgrenzung zu anderen Unternehmen. Die Anzahl der Firmen, die Musik als Kommunikation mit den Kunden, als auch für die interne Kommunikation nutzten, stieg zu dieser Zeit rasant an. So verwendete das US-Filmstudio MGM einen brüllenden Löwen als akustischen Markenzeichen erstmalig 1924, NBC Radio setzte sein Sound Logo zum ersten Mal 1927 ein. Als erster Jingle (im US-Radio) gilt der gesungene Werbespot „Have You Tried Wheaties?", der 1928 erstmals von einem lokalen Radiosender in Minnesota (USA) gespielt wurde.

In den 1930er Jahren patentierte der US-amerikanische General George Squire eine Methode, wobei Telegraphen benutzt wurden, um Musik zu senden. Das Unternehmen wurde kurzerhand Muzak benannt. Bis heute gilt der Name Muzak als Inbegriff der funktionellen Musik, also jener Form von Musik, die vom Hörer nicht bewusst wahrgenommen wird, sondern ihn heiter stimmen und eine entspannte Atmosphäre schaffen soll. Man spricht auch von Kaufhaus- oder Fahrstuhlmusik.

In den 1940er Jahren wurde der erste Network Radio Jingle kreiert, nämlich „Pepsi Cola Hits the Spot". Dieser Jingle wurde erfolgreich über eine Million Mal in diversen Jukeboxes in den USA platziert. Noch berühmter wurde der Jingle von „Chiquita Bananas" (Werbeagentur BBDO), welcher zur Glanzzeit seiner Popularität 376-mal an einem Tag von einem Radiosender gespielt wurde. Erst in den 1950er Jahren hielten die Werbejingles Einzug in Großbritannien und so auch in Europa.

Coca-Cola setzt schon seit Jahrzehnten Sound Marketing erfolgreich ein. Im Lauf der Zeit wurden Songs von bekannten Bands wie den Everly Brothers, The Supremes oder Marvin Gaye zu Marketingzwecken für den US-Getränkekonzern verwendet. Den womöglich größten Erfolg feierte Coca-Cola im Jahr 1971 mit dem Song „I'd like to buy the world a Coke" von den New Seekers.

Der Erfolg einer Marke ist stark von einer kontinuierlichen Markenführung, insbesondere einer kontinuierlichen Kommunikationsstrategie abhängig. Um für den Kunden interessant und begehrenswert zu bleiben und sich dauerhaft auf dem Markt behaupten zu können, bedarf es einer Markenführung, die sich im Lauf der Zeit weiterentwickelt und hinsichtlich technischer und gesellschaftlicher Entwicklungen modernisiert wird. Eine starke Marke muss nicht nur dynamisch geführt werden, sondern muss vielmehr Entwicklungsprozesse vorausahnen, um sich frühzeitig durch innovative Lösungen von der Konkurrenz abzusetzen.

Vor dem Hintergrund sich rasch ändernder Marktbedingungen ist eine einfache Fortschreibung traditioneller Markenführungsansätze (…) nicht mehr zeitgemäß. Die Marketingwissenschaft ist seit Beginn des 20. Jahrhunderts von zahlreichen Neuausrichtungen und Paradigmenwechseln der aufgeworfenen Ansätze zur Erfassung der Markenführung geprägt. Die identitätsbasierte Markenführung, deren Konzeptentwicklung auf einem „kontinuierlichen Wandel des Verständnisses vom Gegenstand der Marke" beruht und die Kaufverhaltensrelevanz von Marken primär auf deren Identität zurückführt, bietet in dieser Situation einen erfolgversprechenden Ansatz zur Neuorientierung der Markenführung.

Die identitätsbasierte Markenführung geht über die „klassische" Outside-in-Perspektive der Marke, d. h. die einseitige Ausrichtung auf die Wahrnehmung der Marke beim Nachfrager (Markenimage), weit hinaus. Es erfolgt eine Ergänzung um eine Inside-out-Perspektive, die das Selbstbild der Marke (Markenidentität) aus Sicht der internen Zielgruppen analysiert. Idealerweise wird die Marke in allen Kommunikationskanälen mit der gleichen Identität wahrgenommen. Ziel der identitätsbasierten Markenführung ist nicht nur eine Steigerung des Markenwertes und der Markenstärke, sondern auch eine langfristige Kundenbindung und Markentreue. Letztlich kann eine konsequente identitätsbasierte Markenführung einen erheblichen Beitrag zum Unternehmenserfolg leisten.

Um eine Marke im Angebotsmeer nicht nur sichtbar, sondern auch hörbar zu machen, dient die Markenidentität als strategischer Rahmen für die operative Umsetzung in spezifische akustische Ausprägungsformen der Marke. Dazu bedarf es einer strukturierten Analyse der Marke, die als Voraussetzung für die Interpretation der Markenidentität durch akustische Reize gilt.

Es wird immer schwieriger Markenprodukte über Qualität und Produkteigenschaften zu differenzieren. Da Marken in einem regelrechten Kommunikationswettbewerb gegeneinander antreten, erfolgt Markendifferenzierung vermehrt über die Kommunikation. Die emotionale und erlebnisorientierte Differenzierung wird auf gesättigten Märkten mit ihren qualitativ austauschbaren Produkten zum entscheidenden Erfolgsmerkmal.

Unternehmen stehen vor der Herausforderung, ihre Markenwerte durch möglichst viele Sinne zu vermitteln, um damit die Unternehmens- und Produktmarken von der Konkurrenz explizit abzuheben und Konsumenten langfristig an ihre Marke zu binden. Dabei erscheint es nicht immer ausreichend, den Konsumenten lediglich über optische Reize anzusprechen. Marken werden mit allen Sinnen wahrgenommen, doch Klang wird im Vergleich zur visuellen Gestaltung stiefmütterlich behandelt.

Die menschlichen Sinne haben jeweils ganz spezifische Eigenschaften. Jedes Sinnesorgan ist auf die Erfassung eines Teilbereichs unserer Umwelt hoch spezialisiert. Die Konzentration auf die visuelle Wahrnehmung kann also immer nur Teilaspekte berücksichtigen während viele andere, mitunter ebenso wichtige Details vernachlässigt werden. Das Auge bleibt immer an der Oberfläche hängen und vermittelt im Wesentlichen die Eigenschaften statischer Objekte. Dynamische Eigenschaften lassen sich daher akustisch wesentlich besser und vor allem glaubhafter kommunizieren. Ähnliches gilt beispielsweise auch für Raum, Emotion und diverse andere Dinge.

Sound Marketing bietet Unternehmen die Möglichkeit Aufmerksamkeit zu erzeugen, Markenwerte bzw. -botschaften zu transportieren, die Positionierung der Marke und gewünschte Assoziationen erlebbar zu machen, die Identifikation mit der Marke bei der Zielgruppe zu steigern, die emotionale Aufladung der Marke und deren Identität zu stärken, eine schnellere Markenkonditionierung und somit eine höhere Werbe- und Medieneffizienz zu erreichen und die Alleinstellung der Marke gegenüber Mitbewerbern zu unterstützen. Idealerweise führt akustische Markenkommunikation zur Steigerung der Markenbekanntheit, die durch das Erinnern (Recall) und das Wiedererkennen (Recognition) einer Marke durch die Konsumenten determiniert wird. Akustische Markenelemente können zudem als integrative Elemente zwischen unterschiedlichen Kommunikationsauftritten einer Marke fungieren.

Im Rahmen der akustischen Markenführung stehen Unternehmen zahlreiche Kontaktpunkte mit der Zielgruppe zur Verfügung. Dabei funktionieren einige Kontaktpunkte ausschließlich auf akustischer Ebene, wie Radio und Telefon. Da die unterschiedlichen Kontaktpunkte mit der Marke nicht für jede Zielgruppe relevant sind, müssen diese markenspezifisch analysiert werden. Abhängig vom jeweiligen Kundenkontaktpunkt können unterschiedliche akustische Markenelemente zum Einsatz kommen. Abb. 4.1 fasst die unterschiedlichen Kontaktpunkte von Sound Marketing zusammen.

Grundsätzlich können durch Sound Marketing alle Marken gestärkt werden, wobei es hier genau zu analysieren gilt, in welchen Medien die

Abb. 4.1 Sound Marketing Kontaktpunkte. (Eigene Darstellung)

Marke (akustisch) kommuniziert werden kann bzw. soll. Ziel ist es, ein konsistentes und umfassendes akustisches Bild der Marke entstehen zu lassen, einen unverwechselbaren Markenklang. Die entwickelten akustischen Markenzeichen (z. B. Sound Logo) sollen die Marke an allen Kontaktpunkten mit der Zielgruppe einheitlich akustisch repräsentieren. Somit kann für die jeweilige Marke eine crossmediale Wirkung erzeugt werden, indem der markenprägnante Sound auf verschiedenen Medien wie z. B. Radio oder Handy übertragbar ist.

In den meisten Unternehmen im In- und Ausland fehlt das Bewusstsein für Sound Marketing. Die gezielte Verwendung akustischer Reize in der Markenkommunikation gewinnt in den letzten Jahren zunehmend an Bedeutung, da der Nutzen daraus für Unternehmen immer besser verstanden wird. Dies ist u. a. auf den häufigen Einsatz des Sound Logos von Intel und der Deutschen Telekom seit deren Einführung in der Markenkommunikation in den 1990er Jahren zurückzuführen. Während die Japaner Sound Marketing schon früh erkannt haben und seit vielen Jahren verwenden, hat die restliche Welt das Potenzial der akustischen Markenführung erst in den letzten Jahren entdeckt.

Quer durch alle Branchen finden sich Beispiele bekannter Marken, die Sound Marketing erfolgreich einsetzen, wie u. a. Audi, Deutsche Telekom, Hyundai, Intel, Lufthansa, Nokia, Siemens und die Wiener Linien. Mit gezieltem Einsatz diverser Sound Marketing-Elemente erhalten Marken u. a. ein zusätzliches Differenzierungsmerkmal und erhöhen deren Wiedererkennung. In diesem Zusammenhang gilt das Sound Logo als populärstes akustisches Markenelement.

Sound Marketing nimmt insbesondere in der Automobilindustrie seit vielen Jahren einen hohen Stellenwert ein. Derzeit kommunizieren zahlreiche Automobilhersteller ihre Marke u. a. mithilfe von Sound Logos, wie beispielsweise Audi, Hyundai, Nissan, Peugeot, Renault, Toyota und Volkswagen. Andere Automobilhersteller verwenden in der Markenkommunikation gesprochene Markenclaims, wie Citroën, Mazda, Opel und Skoda. Neben der akustischen Kommunikation der Marke nimmt in der Automobilindustrie auch die bewusste akustische Gestaltung des Produktes seit vielen Jahren eine hohe Bedeutung ein. Dies resultiert daraus, da die akustische Produktgestaltung letztlich auch die Kaufentscheidung beeinflusst.

4.1 Akustische Markenelemente

Grundsätzlich werden Markenklang, Produktklang und Funktionsklang unterschieden. Während Markenklang (z. B. das Sound Logo von Intel) einen kommunikativen Nutzen für eine Marke besitzt, hat ein Funktionsklang (z. B. Statusanzeige über den Zustand eines medizinischen Gerätes) einen funktionalen Nutzen. Im Gegensatz zu reinen Funktionsklängen, die verhältnismäßig eindeutig definierbare Informationen übertragen sollen, muss bei der Entwicklung eines Markenklanges zusätzlich die Integration von Anteilen des akustischen Markenbildes gewährleistet werden. Der Produktklang bezeichnet den meist mechanisch bedingten Klang von Produkten, der auch bewusst gestaltet werden kann.

Die Grundlage für den akustischen Markenauftritt bildet die akustische Markenidentität, die als Basis für die Ableitung verschiedener Sound Marketing-Elemente dient. Dazu werden akustische Gestaltungsparameter wie Lautstärke, Klangfarbe, Harmonie und Rhythmus definiert, um die Identität der Marke mittels Töne bzw. Klänge und/oder Geräusche hörbar zu machen. Außerdem fungiert die akustische Markenidentität als Leitlinie und Orientierung für das akustische Produktdesign.

Ziel von Sound Marketing ist es, in allen hörbaren Kanälen „assoziative Anker für die Wiedererkennung" (Bernays 2004) zu hinterlassen. Dadurch wird ein zusätzliches Identifikationsmerkmal sowohl für die interne als auch externe Zielgruppe der Marke geschaffen und somit ein Beitrag zur Stärkung von Markenbekanntheit und Markenimage geleistet bei gleichzeitiger Differenzierung vom Wettbewerb.

Das Konzept der akustischen Markenführung, dem die identitätsbasierte Markenführung als Basis dient, umfasst einen strukturierten objektivierten mittel- bis langfristigen Prozess zur akustischen Übersetzung der Identität einer Marke. Im Rahmen dieses Prozesses soll, idealerweise mithilfe einer Sound Marketing-Agentur, ein konsistenter akustischer Markenauftritt entwickelt werden, der unterschiedliche Ausprägungsformen akustischer Markenelemente (Sound Marketing-Elemente) beinhalten kann. Der Managementprozess von Sound Marketing besteht idealerweise aus mehreren Phasen, die im Folgenden erläutert werden.

Grundsätzlich empfiehlt sich eine frühe Einbindung der Sound Marketing-Agentur in den Prozess. Die Auswahl der Agentur erfolgt in der Regel durch die Fachabteilung bzw. durch einen Experten und üblicherweise im Rahmen eines „Pitches", dem ein Briefing und gegebenenfalls ein Workshop vorausgehen. Der Workshop dient dazu, um der Sound Marketing-Agentur die Marke, insbesondere die Markenidentität, näher zu bringen.

Als Ausgangsbasis der strategischen Entwicklung einer akustischen Markenidentität dient eine Situationsanalyse, die eine Selbst-, Zielgruppen-, Wettbewerbs- und Kundenkontaktpunktanalyse umfasst. Die

Wettbewerbsanalyse gibt Auskunft über die strategische und akustische Positionierung der konkurrierenden Marken und folglich über das Potenzial der akustischen Differenzierung zum Wettbewerb. Ziel ist es aus der Gegenüberstellung von Ist-Identität und Ist-Image die Soll-Identität der Marke abzuleiten und konsistent sowie kontinuierlich zu positionieren.

Da sich das Konzept der akustischen Markenführung primär an der Markenidentität, insbesondere an den Markenwerten orientiert, ist zudem eine Selbstanalyse der Marke notwendig. Es bedarf auch einer Zielgruppenanalyse, wobei ein grob einzuhaltender musikalischer Rahmen ermittelt wird, der auch die akustischen Erwartungen hinsichtlich der Marke umfasst. Gegenstand der Kundenkontaktpunktanalyse sind sämtliche Berührungspunkte, sogenannte „Brand Touch Points" der relevanten Zielgruppe mit der (akustischen) Marke.

Im Rahmen der zweiten Phase – der Identifikation – erfolgt die Festlegung von Rahmenvorgaben für die akustischen Gestaltungsparameter wie Lautstärke, Klangfarbe, Harmonie und Rhythmus. Ziel dieser Phase ist die Definition der akustischen Markenidentität, die auf Basis der Soll-Identität der Marke beruht. Zudem soll die Anzahl der daraus zu entwickelnden Sound Marketing-Elemente bestimmt werden. Schließlich sind operationale Zielvorgaben wie eine bestimmte Steigerung der Markenbekanntheit für die akustische Markenführung festzulegen.

Im dritten Prozessschritt erfolgt die operative Entwicklung des akustischen Markenauftritts. Hierbei ist darauf zu achten, dass die geplanten akustischen Markenelemente sowohl die Markenidentität akustisch widerspiegeln („Marken-Fit"), als auch prägnant sind, sich klanglich vom Wettbewerb differenzieren, von der Zielgruppe wiedererkannt werden und in ihrer Gestalt flexibel sind, um im Verlauf der Zeit notwendige Anpassungen des Markenklangs vornehmen zu können. Die Erstellung von Sound Marketing Guidelines, die der Festlegung von Nutzungsregeln für den stringenten Einsatz der akustischen Markenelemente dient, rundet die dritte Phase ab.

Bevor das akustische Markenelement erstmals in der Markenkommunikation eingesetzt wird, hat eine repräsentative Marktforschung zu erfolgen. Dabei empfiehlt es sich, die Sound Marketing-Elemente bei der internen (u. a. Mitarbeiter) und externen (u. a. Kunden) Zielgruppe zu testen. Darauf folgen eine Ergebnisanalyse und eine eventuelle Nachjustierung des Soundkonzepts. In diesem Zusammenhang ist auch über den Zeitraum und die Intensität der beschlossenen Maßnahmen zu entscheiden. Zudem ist eine Eintragung des akustischen Markenelements als Klangmarke beim nationalen Markenamt zu prüfen, um sich vor dessen unrechtmäßigen Gebrauch durch Dritte zu schützen.

Die vierte Phase stellt die Implementierung der entwickelten Sound Marketing-Elemente an den definierten Kundenkontaktpunkten dar. Letztere lassen sich grob in die drei Bereiche Medien-, Service- und Produktwelt einteilen. Während in der Medienwelt die akustische Marke dem Rezipienten medial vermittelt wird (u. a. mittels Fernsehen, Radio oder Internet), treffen in der Servicewelt (z. B. am POS) und in der Produktwelt Konsument und Marke regelmäßig direkt aufeinander. Die Markenkommunikation lässt sich in diesem Sinne in eine direkte Markengestaltung (Produkt- und Servicewelt) und in eine indirekte Markengestaltung (Medienwelt) unterteilen. Um eine wirksame akustische Markenkommunikation zu erzielen, bedarf es einer langfristigen Konditionierung des Rezipienten, dessen individuelles akustisches Markenerlebnis sich letztlich aus der Summe aller Kundenkontaktpunkte ergibt.

Die fünfte und letzte Phase des Managementprozesses des Konzeptes akustischer Markenführung stellt die Kontrolle dar. Eine regelmäßige Nutzungskontrolle („Monitoring") untersucht den korrekten Einsatz der akustischen Markenelemente sowie die Erreichung der definierten Zielvorgaben. Dazu sind die Zielgruppen über Markforschungstools einzubinden, um eine idealerweise vorliegende Übereinstimmung der akustischen Markenidentität (Selbstbild der Marke) mit dem akustisch wahrgenommenen Markenimage (Fremdbild der Marke) bei der Zielgruppe zu überprüfen. Erforderliche Korrekturmaßnahmen des akustischen Markenauftritts werden durch eine ständige Rückkopplung mit den vorangegangenen Prozessschritten gesteuert. Schließlich ist die akustische Markenkommunikation in die allgemeine Markenkommunikation zu integrieren. Somit bildet sie eine Teilmenge aller Kommunikationsmaßnahmen der identitätsbasierten Markenführung.

Wenn von Markenklang die Rede ist, denken die meisten nach wie vor primär an Jingles oder Sound Logos. Doch neben diesen beiden

Sound Marketing-Elementen gibt es noch weitere Ausprägungsformen akustischer Markenelemente. Im Folgenden werden die unterschiedlichen akustischen Markenelemente, die sogenannten Brand Sounds, näher erläutert.

Unternehmen, die ihre Marke(n) akustisch führen möchten, bietet sich ein breites Spektrum an Brand Sounds, welches vom Sound Logo über Jingle, Brand Song, Brand Voice, Brand Music, Soundscape bis zum Sound Icon reicht. Grundsätzlich kann zwischen verbalen und nonverbalen akustischen Markenelementen unterschieden werden. Während die Brand Voice, der Brand Song und der Jingle verbale Informationen beinhalten und somit zu den verbalen akustischen Markenelementen zählen, gehören das Sound Logo, der Soundscape und das Sound Icon zu den nonverbalen akustischen Markenelementen. Brand Music kann sowohl verbal als auch nonverbal gestaltet sein. Letztlich haben die unterschiedlichen Sound Marketing-Elemente die gleiche Funktion, nämlich die Marke an allen Kontaktpunkten mit der Zielgruppe einheitlich akustisch zu repräsentieren und somit u. a. die Wiedererkennung der Marke zu steigern. Abb. 4.2 fasst die akustischen Markenelemente zusammen.

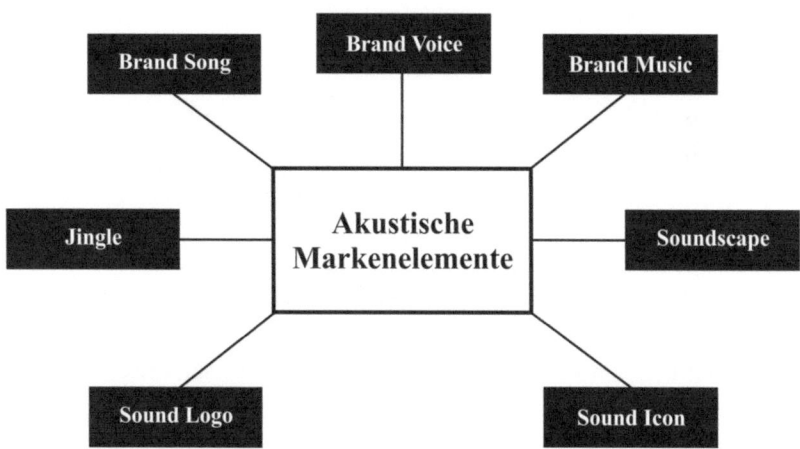

Abb. 4.2 Akustische Markenelemente

4.1.1 Sound Logo

Das Sound Logo, auch bekannt unter den Bezeichnungen Audio-Logo, Sonic-Logo, akustisches Logo, Sonic Mnemonic, Kennmotiv, Signation und akustische Signatur, ist das populärste akustische Markenelement. Es ist üblicherweise durch eine kurze prägnante Tonfolge, meist zwischen ein bis drei Sekunden lang, charakterisiert und kann aus Tönen (mit Melodiecharakter), spezifischen Geräusch(en) oder aus einer Kombination von beiden bestehen, die idealerweise die Markenidentität bzw. bestimmte Markenwerte akustisch kommunizieren. Dadurch sollen u. a. eine eindeutige akustische Identifikation der Marke und eine Stärkung der Markenidentität erzielt werden.

Das Sound Logo dient als „signifikanter Baustein des akustischen Gesamtbilds einer Marke" (Ballhausen und Tallau 2008) und stellt als (kürzest mögliche) akustische Übersetzung der Marke das akustische Pendant zum visuellen Logo dar. Als auditiver „Cue" (kognitiver „Anker") der Markenidentität soll das Sound Logo an die Marke und die mit ihr verbundenen Attribute erinnern. In Werbespots werden Sound Logos zumeist am Anfang oder am Ende positioniert. Dadurch wird das Ziel verfolgt, den Recall (Erinnerungsfähigkeit) zu erhöhen, als auch eine Abgrenzung gegenüber anderen Werbespots zu erwirken. In der audiovisuellen Kommunikation wird das Sound Logo oft auch mit dem (animierten) visuellen Logo kombiniert als Absender am Ende eines Werbespots dargeboten.

Im Rahmen der Entwicklung eines Sound Logos gilt es die folgenden grundsätzlich an ein Sound Logo gestellten Kriterien zu erfüllen:

- Marken Fit. Ein Sound Logo spiegelt idealerweise die Identität, insbesondere die Werte der jeweiligen Marke wider. Sofern die Markenidentität nicht vollständig akustisch übersetzt werden kann, sollte z. B. ein Fokus auf ein oder zwei Markenwerte gelegt werden. Entscheidend ist, dass das Sound Logo keinen Markenwerten, insbesondere nicht dem Markenkern, widerspricht.
- Prägnanz. Eine prägnante akustische Gestalt erleichtert das Wiedererkennen und folglich das Hervorrufen von Assoziationen zur Marke

und steigert dadurch die Effizienz der Markenkommunikation. Da das Erinnern (Recall) von Sound Logos jedoch schwieriger zu erreichen ist, als deren Wiedererkennung (Recognition), handelt es sich hierbei um jenes Kriterium, das die größte Herausforderung bei der Entwicklung von Sound Logos darstellt. Letztlich sind es nur wenige Sound Logos, die durch ihre prägnante akustische Gestalt in guter Erinnerung bleiben.

- Unverwechselbarkeit. Gute und erfolgreiche Sound Logos heben sich durch Auffälligkeit als Figur ab und differenzieren sich so von anderen Sound Logos. Dazu bedarf es im Vorfeld einer Wettbewerbsanalyse, die Auskunft darüber geben soll, wie die Marken der Wettbewerber akustisch positioniert sind. Schließlich muss das Sound Logo einzigartig und distinktiv sein.
- Flexibilität. In diesem Zusammenhang muss zwischen gestalterischer Flexibilität und technischer Flexibilität unterschieden werden. So bezeichnet die gestalterische Flexibilität das mögliche Maß einer klanglichen Variation des Sound Logos, um es verschiedenen Werbeinhalten kontextabhängig anzupassen.
- Eine sukzessive Variation des Sound Logos gemäß festgelegter Parameter der akustischen Markenidentität dient der Vorbeugung eines möglichen Abnutzungseffektes („Wear-out-Effekt"), der sich bei hoher Einsatzhäufigkeit desselben (unveränderten) Sound Logos einstellen kann. So können beispielsweise Tonart, Notenwerte, Tempo und Instrumentierung innerhalb eines definierten Rahmens verändert werden (Bsp. Deutsche Telekom Sound Logo). Letztlich muss die Wiedererkennbarkeit bewahrt und eine „Überlagerung unterschiedlicher innerer Bilder beim Konsumenten" vermieden werden. Neben der kontextabhängigen Modifizierung des Markenklangs gilt es auch eine zeitgemäße (dezente) Adaptierung des originären Markenklangs in (un)regelmäßigen Abständen vorzunehmen (Bsp. Intel Sound Logo).
- Die technische Flexibilität betrifft die technischen Eigenschaften eines Sound Logos, wie z. B. die Breite des Frequenzspektrums. Grundsätzlich sollte das Frequenzspektrum des Sound Logos so beschaffen sein, dass es auch von Abspielgeräten wiedergegeben wird,

die keine optimale Wiedergabequalität aufweisen (z. B. Telefon). Dadurch erreicht man Flexibilität in der Anwendung und muss keine nachteiligen Einschränkungen in Kauf nehmen. Bereits bei der Festlegung der Gestaltungskriterien des Sound Logos sollen relevante Kundenkontaktpunkte (u. a. TV, Radio, Telefon) mit der Marke Berücksichtigung finden.

Letztlich zeichnet sich ein erfolgreiches Sound Logo nicht nur durch Einhaltung der genannten Kriterien aus, sondern auch durch dessen langjährigen und konsistenten Einsatz in der Markenkommunikation. Zu den Best-Practice-Beispielen zählt das Sound Logo der Deutschen Telekom und jenes von Intel.

4.1.2 Jingle

Der Jingle ist definiert als „musical messages written around the brand" (Keller et al. 2011) und bedeutet frei übersetzt „sanft-plätscherndes Wortgeklingel" (Wüsthoff 1999). Dieses akustische Markenelement ist charakterisiert durch das Sprechen oder Singen eines Markennamens oder Markenclaims, welches in eine vollständige Melodie-Phrase eingebettet ist. Der Jingle fungiert sozusagen als „Tonplakat" und sollte generell leicht einprägsam sein, wobei sich kurze Melodien mit geringem Tonumfang und kleinen Intervallen besonders gut eignen.

Jingles werden oft an bekannte Volks- oder Kinderlieder angelehnt, sodass ein hoher Wiedererkennungswert erreicht wird. Außerdem unterstützt die einfache und einprägsame Art des Jingles die Aufnahme, Verarbeitung und Speicherung der Werbebotschaft. Im Idealfall wird ein Jingle samt Slogan zum „geflügelten Wort" für die Marke und damit unabhängig vom Produkt eine Aussage des normalen Sprachgebrauchs, wie z. B. bei Toyota („Nichts ist unmöglich – Toyota").

Die Bedeutung von Jingles in der Werbeindustrie hat im Lauf der Jahre abgenommen. Ein Grund dafür ist u. a., dass Jingles zu offenkundig Werbebotschaften beinhalten. Zwei bekannte Jingles der deutschen Werbegeschichte sind jener von Haribo („Haribo macht Kinder froh – und Erwachs' ne ebenso") und Calgon („Waschmaschinen leben länger mit Calgon").

4.1.3 Brand Song

Der Brand Song („Markenlied") bezeichnet ein Musikstück, das nach klassischem Liedschema komponiert ist somit u. a. Strophe und Refrain beinhaltet. Die Auswahl des passenden Songs zur Marke erfolgt anhand der akustischen Markenidentität. Der Brand Song wird idealerweise über einen längeren Zeitraum in der Markenkommunikation verwendet und kann variiert sowie situationsbedingt angepasst werden.

Im Unterschied zu einem reinen „Commercial Song" (Werbesong), der in der Regel nur für eine bestimmte (kurze) Zeit eingesetzt wird, fungiert der Brand Song durch seinen langfristigen Einsatz in der Markenkommunikation selbst als Markenzeichen. Ziel des Brand Songs ist es, dass der ausgewählte Musiktitel die Werbebotschaft authentisch unterstützt und damit hilft, das bestehende Image des Musikers bzw. der Band auf die Marke zu übertragen. Beim Rezipienten sollte idealerweise das Musikstück alleine ausreichen, um Assoziationen zur Marke auszulösen.

Der Brand Song kann entweder speziell für die Marke neu komponiert werden oder als bereits existierender Song zum Einsatz kommen, der gegebenenfalls (markenadäquat) adaptiert wird. Im letzteren Fall wird ein bestehendes, idealerweise etabliertes Musikstück herangezogen, das zur Marke passt bzw. auf die Marke angepasst wird. Jedenfalls sollte man keinem aktuellen bzw. kurz- oder mittelfristigen Musiktrend folgen und einen etwaigen Imagewandel des Musikers bzw. der Band berücksichtigen. Bekannte Beispiele hierfür sind Brand Songs u. a. von Beck's („Sail Away"), Krombacher („Belfast Child") und Vodafone („Bohemian Like You"). Aber auch eine Neukomposition, d. h. ein eigens für die Marke komponierter Werbesong, kann u. a. durch die Anlehnung an populäre Musik hohen Bekanntheitsgrad erlangen. Ein bekanntes Beispiel hierfür ist der Werbesong der Marke Bacardi („Bacardi Feeling").

4.1.4 Brand Voice

Eine Brand Voice („Markenstimme") bezeichnet eine Stimme, die in der Markenkommunikation eingesetzt wird, um eine zusätzliche Identifizierung und Differenzierung für die Marke in allen auditiven und audiovisuellen Schnittstellen zu erzielen. Eine Markenstimme bietet den Vorteil, dass sie neben dem semantischen Inhalt, der über sie vermittelt wird, auch eine große emotionale Kraft hat, die sich eine Marke gezielt zunutze machen kann. Ein bekanntes Beispiel ist die Markenstimme von Volkswagen, die jeden Werbespot mit dem gesprochenen Markenclaim „Das Auto" abgebunden hat.

Nach „Aus Liebe zum Automobil" (2003–2007) und „Das Auto." (2007–2015) verwendet Volkswagen seinen Claim nicht mehr: *„Es geht nicht mehr nur um ‚Das Auto', sondern darum, was der Kunde mit Volkswagen erlebt"* (Horizont 2015), sagt Diess, damals Vorstandsvorsitzender der Marke Volkswagen Pkw.

Idealerweise spiegelt die eingesetzte Stimme die Markenwerte, insbesondere die Markenpersönlichkeit, wider („Fit zur Marke"), um bei der Zielgruppe eine Glaubwürdigkeit und Akzeptanz der Marke hervorzurufen. Dabei können paraverbale Gestaltungsparameter (u. a. Stimmfarbe, Akzent) die zu vermittelnden Informationen persönlicher wirken lassen (z. B. Ikea). Letztlich muss die Sprech- und Ausdrucksweise der Brand Voice dem Grundton der Werbung entsprechen.

Die Stimmwirkung ist jedoch nicht in jedem Medium gleich stark, denn in rein auditiven Kanälen, wie dem Telefon oder dem Radio, kommt der Stimme („Off-Stimme") eine wesentlich größere Bedeutung zu, als in audiovisuellen Darbietungen. Da eine Stimme ohne visuelle Entsprechung ihre Persönlichkeitswirkung an die Marke abgibt, muss vor der Verpflichtung einer bekannten Persönlichkeit bzw. prominenten Markenstimme der Marken-Fit kontrolliert werden, denn letztlich kann eine nicht markenadäquate Stimme auch negative Folgen für die Marke haben.

4.1.5 Brand Music

Brand Music bezeichnet die charakteristische Musik einer Marke. Brand Music wird überwiegend am POS verwendet, um eine den Verkauf fördernde Stimmung zu erzeugen. Aber auch zur Überlagerung von störenden Geräuschen bzw. Stimulation oder Entspannung der Kunden bzw. Mitarbeiter kann dieses Sound Marketing-Element beitragen.

Brand Music wird häufig nicht bewusst wahrgenommen, beeinflusst jedoch die übrigen Stimuli wie Sprache und Bilder über ihre Dynamik, den Rhythmus, das Tempo und die Lautstärke. Oft werden auch bestimmte Klischeevorstellungen bedient, um gewünschte Assoziationen beim Konsumenten hervorzurufen und den Kauf von bestimmten Marken auszulösen. Ein bekanntes Beispiel für Brand Music ist jene der Marke Hugo Boss.

4.1.6 Soundscape

Soundscape („Klanglandschaft") ist ein englisches Kunstwort, das sich aus den Begriffen „Sound" und „Landscape" zusammensetzt und als „the auditory equivalent of a landscape" (Blesser und Salter 2009) definiert ist. Es bezeichnet eine mit einer bestimmten Umgebung verbundene Geräuschkulisse (z. B. Bürogeräusche, freie Natur). Ziel der Verwendung eines Soundscape ist es, eine bestimmte Atmosphäre („store atmospherics") am Kundenkontaktpunkt mit der Marke zu erzeugen, die sich positiv auf den Rezipienten auswirkt und u. a. die Verweildauer am Kontaktpunkt mit der Marke erhöht.

Ein Soundscape besteht aus sogenannten „Grounds" (Grundatmosphäre) und „Figures" (kurze Klangereignisse) und kann sowohl tonal als auch geräuschhaft gestaltet sein (Schafer 1977). Der Soundscape verfolgt ein ähnliches Ziel wie die Brand Music bzw. Hintergrundmusik, benutzt dafür jedoch keine Rhythmik oder Melodik, sondern lediglich einzelne Töne, Klänge oder Geräusche. Als Einsatzgebiete des Soundscape bieten sich u. a. Messen, Events und Verkaufsräume an. Ein bekanntes Beispiel für einen Soundscape ist jener von Lufthansa.

4.1.7 Sound Icon

Sound-Icons sind die (zeitlich) kürzesten akustischen Markenelemente und können u. a. Teil des Sound Logos oder des Soundscape sein. Die Funktion eines Sound Icons, das in der Regel nicht länger als 500 ms ist, kann sowohl in der akustischen Übersetzung eines Markenwertes (z. B. kann der Markenwert „innovativ" als adäquater Mouseover-Effekt auf Marken-Websites ertönen), als auch in der Wiedergabe von physikalisch bedingten charakteristischen Produktgeräuschen liegen (z. B. das „Zischen" beim Öffnen einer Coca-Cola Flasche). Ein bekanntes Beispiel für ein Sound-Icon ist der „Flensburger Plop".

Grundsätzlich entsprechen Sound Icons den (geräuschhaften) Auditory Icons und (musikalischen) Earcons in der Mensch-Maschine Interaktion. So basieren Auditory Icons auf Geräuschen und „stellen realistische Alltagsgeräusche oder stilisierte Varianten davon dar" (z. B. das Geräusch beim Betätigen eines Schalters). Dadurch besitzen sie eine reale Bedeutung und rufen bei den Rezipienten Assoziationen zu bekannten Geräuschen hervor. Hingegen bestehen Earcons aus nur wenigen Tönen bzw. kurzen Melodiefolgen, die ein „informationstragendes Ereignis" repräsentieren (z. B. akustisches Feedback in Alarmsituationen). Dies ergibt zwar den Vorteil, dass man – anders als bei den Auditory Icons – viele verschiedene Klangparameter verändern kann, jedoch bestehen bei Earcons keine Assoziationseffekte, da deren Bedeutungen sich nur durch Erfahrungen erlernen lassen.

4.2 Beispiele akustischer Markenelemente

Im Folgenden werden unterschiedliche akustische Markenelemente untersucht. Der Fokus liegt dabei auf dem Sound Logo, dem populärsten Sound Marketing Element. So werden die Sound Logos von Intel, Lufthansa und der Deutschen Telekom, die zu den bekanntesten und meist gehörten akustischen Markenzeichen der Welt gehören, analysiert. Zudem werden der Audi Corporate Sound, die Klangwelt von Nokia und das Sound Marketing von Hyundai, Siemens und der Wiener Linien dargestellt.

4.2.1 Das Lufthansa Sound Logo

Lufthansa hat basierend auf seinen Markenwerten eine eigene Klangwelt entwickeln lassen, um u. a. bei der Zielgruppe das Profil der Marke Lufthansa zu schärfen und eine gesteigerte emotionale Identifikation mit der Marke Lufthansa zu erzielen, als auch eine höhere Differenzierung vom Wettbewerb sicherzustellen. Dazu musste eine für Lufthansa passende Tonfolge gefunden werden, die alle Ziele vereint und auf dem Lufthansa Markenleitbild basiert. Als musikalischer Kern der Klangwelt fungiert ein in F-Dur komponiertes Motiv, das aus einer aufsteigenden Viertonfolge besteht. Es ist Bestandteil aller akustischen Markenelemente von Lufthansa.

Das Motiv, das als zentrales Element des Lufthansa Sound Logos fungiert, stellt die Übersetzung der Leitidee „Another Perfect Day" dar, die von MetaDesign entwickelt wurde. Sie ist der Blick in den Tag, inspiriert von Morgensonne, Zuversicht, Vorfreude, Leichtigkeit, Klarheit und Frische. Zudem soll der spezifische Klang des Lufthansa Sound Logos Perfektion gepaart mit Emotion vermitteln. Die aufsteigende Viertonfolge soll beim Zuhörer nicht zuletzt Assoziationen zum „Abheben" und „Wohlfühlen" hervorrufen.

Die Klangwelt von Lufthansa umfasst neben dem Sound Logo auch einen Brand Song, eine Brand Music und einen Brand Soundscape. So wird der Lufthansa Brand Song „Symphony of Angels" in den unterschiedlichsten Kontexten genutzt. So empfängt der markenadäquate Song z. B. beim Boarding die Reisenden und bettet sie in die ganz spezielle Markenklangwelt der Airline ein. Im Gegensatz zum Sound Logo und zum Brand Song werden die Brand Music und der Brand Soundscape je nach Situation individuell angepasst und adaptiert.

Die unterschiedlichen akustischen Markenelemente sollen das Markenerlebnis der Lufthansa in Telefonwarteschleifen, Klingeltönen, Radio- und TV-Spots anreichern. Der Klang der Marke vermittelt das Qualitätsversprechen der Lufthansa, die Führungsrolle und Innovationskraft aber auch Souveränität, Anmut und Einfühlsamkeit. Nur wenn der Markenklang langfristig konzipiert und in der Marke verankert ist, kann er auch eine starke Orientierungsfunktion für die Rezipienten haben (Steiner 2018).

4.2.2 Das Deutsche Telekom Sound Logo

Die Deutsche Telekom hat bereits Ende der 1990er Jahre das Potenzial und die Wirkung eines stringenten Brand Sound für sich erkannt. Ziel war es, ein akustisches Markenzeichen nicht nur für die klassische Werbung, in Fernseh- und Radiospots, in Warteschleifen, im Call-Center oder auf automatisierten Ansagen zu nutzen, sondern auch als Klingelton oder im Sponsoring (Oswald und Schmidt 2014). Heute zählt das Sound Logo der Deutschen Telekom zu den bekanntesten Sound Logos überhaupt.

Die gezielte Nutzung von Klang und Musik im Sinne der Markenidentität wird bei der Deutschen Telekom als „Brand Acoustics" bezeichnet. Dabei handelt es sich um einen Grundpfeiler der Markenidentität, da Brand Acoustics für das Unternehmen als Teilmenge von Design, Verhalten und Kommunikation verstanden wird. Brand Acoustics muss mit dem visuellen Markenauftritt eine Einheit bilden und übernimmt überall dort, wo das Bild fehlt, die kommunikative Leitfunktion.

Das Sound Logo der Deutschen Telekom, das seit Ende der 1990er Jahre als ihr akustisches Markenzeichen fungiert, verankert die Marke nachhaltig in den Köpfen der Konsumenten. Im Rahmen der Entwicklung des Sound Logos der Deutschen Telekom („da-da-da-daa-daaaa") mussten die folgenden Kriterien erfüllt werden: Positive Größe, Innovationskraft, Internationale Bedeutung, Technische Kompetenz, Gesellschaftliche Verantwortung, Musikalische Qualitäten.

Mit seinen fünf Tönen und einer Länge von lediglich 880 ms dient das akustische Logo als musikalische Interpretation des bekannten Unternehmenszeichens: Digit, Digit, Digit, T, Digit. Während die Punkte („Digits") allesamt durch den gleichen Ton repräsentiert werden, erklingt das als visuelles Erkennungszeichen verwendete „T" eine Terz höher.

Das Sound Logo der Deutschen Telekom besteht als Komposition aus den folgenden Bestandteilen: Melodie, Tonart, Notenwerte, Tempo, Instrumentierung und Klangbett. Die klangliche Identität des Sound Logos ist sehr eng mit der Klangfarbe des im hohen Register gespielten Klaviers verbunden. Es entsteht ein C-Dur Dreiklang. Da die einzelnen Töne in die folgenden Töne überschwingen, wird der Komposition dadurch Volumen zugefügt. Nachdem das Sound Logo in der Anfangszeit nur in seiner ursprünglichen Form verwendet wurde, so wird es heute – abhängig vom Inhalt der werblichen Kommunikation – vielfältig adaptiert, insbesondere transponiert, um eine optimale Anpassung zu ermöglichen.

Das Sound Logo der Deutschen Telekom kann an einen Soul-Popsong ebenso gut angebunden werden wie an einen House-Beat. Die Einbettung ist möglich, solange die Melodie im Vordergrund bleibt, denn diese darf als starkes Element der Wiedererkennbarkeit des Sound Logos nicht verändert werden. Sobald eine oder mehrere Noten verändert werden, entsteht bereits eine neue Komposition.

Mithilfe der Sound Logos stellt die Telekom nicht nur einen eindeutigen Absender in ihren Kommunikationskanälen sicher, sondern steuert auch Kommunikationsinvestitionen zielgerichtet und effizient. Letztlich geht es wie bei allen Wahrnehmungsdimensionen nicht nur um Wiedererkennung und Informationsvermittlung, sondern auch um transportierte Signale an das Unbewusste.

4.2.3 Das Intel Sound Logo

Intel (Integrated electronics) ist ein US-amerikanischer Halbleiterhersteller mit Sitz in Santa Clara, Kalifornien und wurde 1968 von Gordon E. Moore und Robert Noyce gegründet. Das Unternehmen erwirtschaftete 2020 einen Umsatz von 77,9 Mrd., US$ und ist weltweit eines der führenden Unternehmen im Bereich Halbleiterinnovation. Intel erzeugt und designt EDV- und Kommunikationskomponenten, wie beispielsweise Mikroprozessoren, Chipsets und Motherboards, vor allem für Originalausrüstungshersteller, wie u. a. Hewlett-Packard Company, Dell Inc. und seit 2006 auch Apple.

Obwohl das amerikanische Unternehmen Anfang der 1990er Jahre den Markt für PC-Mikroprozessoren, die das Unternehmen in technischer Tradition als Intel i386™ und i486™ bezeichnete, beherrschte, war das Unternehmen den meisten PC-Anwendern weitestgehend unbekannt. Da mit Advanced Micro Devices (AMD) und Cyrix gleichzeitig neue Wettbewerber mit preisgünstigen Mikroprozessor-Nachbauten („Clones") auf den Markt drängten, sah Intel seine Marktposition massiv gefährdet und schuf daher 1991 die Marke Intel Inside. Damals interessierte sich kaum ein PC-Anwender für den Hersteller des Mikroprozessors in seinem PC. Deshalb spielte für die Kaufentscheidung der Preis des Prozessors bzw. des PCs die wichtigste Rolle.

Das amerikanische Unternehmen startete im Juli 1991 das Intel Inside® coop marketing program. Damit wurde sowohl eigene Markenwerbung („Brand Awareness Advertising") als auch Kooperationswerbung mit PC-Herstellern in Form eines Ingredient Branding betrieben. Durch das Ingredient Branding profitierte Intel vom Image renommierter PC-Hersteller wie Compaq und IBM in Form einer Aufwertung des eigenen Images.

Mit der Intel Inside-Marketing Kampagne verfolgte Intel die Absicht, die Konsumenten hinsichtlich der Bedeutung des Mikroprozessors für den PC zu sensibilisieren, als auch Intel als Hersteller der leistungsfähigsten Mikroprozessoren in das Bewusstsein der Käufer zu rücken. Das Ziel des Intel Inside® coop marketing program wurde in relativ kurzer Zeit erreicht, denn die Markierung „Intel Inside" hat bei vielen Kunden bereits ausgereicht, um einen entsprechenden Computer zu kaufen. So stiegen 1992, im ersten Jahr der Intel Inside-Marketing Kampagne, die weltweiten Verkäufe um 63 %. Für die Konsumenten ist durch das starke Ingredient Branding von Intel die Herkunft der Computermarke in den Hintergrund geraten (Esch 2008).

Der Marktanteil Intels bei Mikroprozessoren ist seit dem Start der Intel Inside-Marketing Kampagne im Frühjahr 1991 von 64 % auf rund 80 % in 1996 gestiegen. Der Umsatz hat sich in der gleichen Zeit mit 20,8 Mrd., US$ mehr als vervierfacht. Bereits 1993 hatte Intel laut Berechnungen der Financial World infolge der Intel Inside-Marketing Kampagne einen Markenwert von 17,8 Mrd., US$ und war somit

hinter Coca-Cola und Marlboro an dritter Stelle der wertvollsten Marken der Welt (Berndt et al. 1997).
Im Zuge der Intel Inside-Marketing Kampagne hat Intel 1994 ein Sound Logo eingeführt. Seither wird die Marke Intel nicht nur visuell, sondern auch akustisch kommuniziert. Das Sound Logo sollte helfen, dass positive Markenimage von Intel weiter zu stärken.
Das Intel Sound Logo („Intel bong") wurde von Walter Werzowa komponiert. Die Vorgabe für das Sound Logo lautete: „tones that evoked innovation, trouble-shooting skills and the inside of a computer, while also sounding corporate and inviting" (Music Thing 2005). Zur Entwicklung des Intel Sound Logos äußert sich Werzowa wie folgt:

„Bei Intel war es ein sehr schwieriges Unterfangen, ein geeignetes Sound Branding zu kreieren, da man ja das Produkt nicht sehen und folglich auch nicht wie Coca-Cola oder McDonalds genießen und einen direkten Zusammenhang spüren oder merken kann. Intel-Prozessoren sind ja versteckt und somit für die Kunden nicht zu sehen." (Steiner 2018). *„‚Intel Inside' is four syllables, so four notes. And it's the fourth and the fifth that are the most commonly used/liked intervals in every culture. I put them together with a little divider note – a ‚clink' – at the beginning [...]. We presented it to Intel and they loved the idea"* (Droney 2004), erläutert Werzowa sein Vorgehen bei der Komposition des Intel Sound Logos.

Intel setzt das Sound Logo seit dessen Implementierung in der Markenkommunikation konsistent und kontinuierlich ein. Das Intel Sound Logo, das die Markenwerte Qualität, Zuverlässigkeit und Technologieführerschaft akustisch kommuniziert, erklingt (wie auch bereits zuvor das visuelle Logo) jedoch nur in TV-Spots von führenden Computerherstellern. Das Intel Sound Logo gilt weltweit als „unbestrittene Benchmark" (Groves 2008) und wurde von Fast Company zum „second most addictive sound in the world" (Fast Company 2010) gewählt.
„Es hat sich nie wirklich melodisch verändert, jedoch wurde es bezüglich des Sounds, der Komplexität, des Arrangements und der Orchestrierung immer mehr an die Zeit angepasst" (Steiner 2018), erläutert Werzowa. Seit seiner Einführung in 1994, wurde das Intel Sound Logo in (un) regelmäßigen Abständen rund neun Mal zeitgemäß (dezent) adaptiert.

Grundsätzlich besteht vom Intel Sound Logo immer nur ein File, welches für alle Zwecke optimiert wurde und nur im Stereo-Format vorliegt. Dadurch soll verhindert werden, dass mehrere Generationen von Sound Logos zur gleichen Zeit gesendet werden.

2005 hat Intel sein (Ingredient) Branding-Konzept modifiziert: Seither wird nicht mehr das einzelne Produkt, wie z. B. Pentium oder Centrino, beworben („Pentium – Intel Inside"), sondern die Marke Intel („Leap ahead") (Werzowa 2010). Der neue Slogan „Leap ahead" soll laut Calder, Intel-Sprecher, verdeutlichen, dass das Unternehmen in Zukunft nicht mehr nur als Technologie-Innovator, sondern auch als Marken-Innovator auftreten wird.

Nach Werzowa vollzog sich dieser Richtungswechsel in der Markenkommunikation, da das Denken von Intel „kalt" und „technisch" war. Nicht nur Großfirmen sollten mit der Markenkommunikation angesprochen werden, sondern auch „business people, as well as family members of all ages." (Werzowa 2010). *„[…] Folglich musste sich auch der Sound ändern und ‚wärmer' werden, um so der neu beworbenen Zielgruppe den Zugang zu den Produkten zu erleichtern"* (Steiner 2018), erklärt Werzowa.

Im Mai 2009 warb Intel mit einer großen Marketing Kampagne („Sponsors of Tomorrow"), worin das berühmte Sound Logo neu interpretiert wurde. Passend zur Botschaft der Kampagne, in der die Mitarbeiter von Intel als Menschen in den Vordergrund gerückt werden, wurde das Sound Logo gesungen. *„We're hoping to convey that we're not just a microprocessor company, but a move-society-forward-by-quantum-leaps company"* (Intel 2009), so Deborah Conrad, Intel Vice President and General Manager, Corporate Marketing Group.

Wie Ergebnisse von verschiedenen Untersuchungen zeigen, kann das Ergänzen von visuellen Markensignalen mit akustischen Elementen die gesamte Kommunikationsleistung nachhaltig steigern. Das Sound Logo von Intel nimmt dabei eine Sonderstellung ein. So hat eine Studie von Cheskin Research (1999) zur Wirkung von Sound im Internet ergeben, dass das Abspielen des Sound Logos von Intel bei den Studienteilnehmern gleich starke Assoziationen zur Marke hervorruft, wie beim Präsentieren des visuellen oder audiovisuellen Logos. Nach Ergebnissen einer anderen Studie wird das Intel Sound Logo von vielen Probanden sogar besser erinnert als das visuelle Logo (Lindstrom 2005). Intel zählt nicht nur zu den Pionieren des Ingredient Branding, sondern auch seit Jahren zu den wertvollsten Marken der Welt. Mit einem Markenwert von rund 37 Mrd., US$ nimmt Intel aktuell den 12. Platz im Interbrand-Ranking „Best Global Brands 2020" ein (Interbrand 2020). Es kann als bemerkenswerter Erfolg betrachtet werden, dass es Intel als Anbieter im Business-to-Business-Geschäft geschafft hat, hinsichtlich seines Markenwertes zu den wertvollsten Konsumgüter-Marken der Welt aufzuschließen. Schließlich zählen das Ende der Intel Inside-Ära und der neue Auftritt des Chip-Herstellers zu den mutigsten und riskantesten Relaunches in der Geschichte des Marketings.

4.2.4 Die Klangwelt von Nokia

Die Kennmelodie von Nokia („Nokia Tune") zählt zu den bekanntesten Klingeltönen und zugleich zu den am häufigsten gehörten Melodien weltweit. Der Nokia Tune wurde erstmals in der Werbung 1993 eingesetzt und ein Jahr später als Standard-Klingelton festgelegt (Saura 2013). Die Melodie des akustischen Erkennungszeichens von Nokia wurde jedoch nicht eigens komponiert, sondern in den 1990er Jahren der Komposition „Gran Vals" des Spaniers Francisco Tárrega (1854–1909) entnommen.

Den Kern von Nokia's Audio Brand bildet der Standard-Klingelton, der sowohl den start-up tone als auch die default alert sounds (sms, calender, clock und email) maßgeblich beeinflusst. Auch die anderen Sounds außerhalb des Kerns wie „system sounds" (u. a. „battery low" und „keypad sounds") „UI sounds" und „regional ringtones" nehmen für Nokia's Audio Brand eine bedeutende Stellung ein (Daw 2013).

Seit seiner Einführung in 1993 hat Nokia seinen Klingelton insgesamt acht Mal modifiziert und andere „core sounds" (u. a. start-up sound, default alert sounds) mehrmals erneuert. Das letzte Update erhielt die Klangwelt von Nokia im Jahr 2013.

Im Zuge der Modifizierung des Klingeltons von Nokia waren die Sound Designer u. a. mit folgenden Fragen konfrontiert: „What is the proper pitch? How many times should the sound go around? Is a modern, traditional or a synthetic sound better suited for the purpose?" Zudem wurden regionale und kulturelle Differenzen berücksichtigt: „In Asia, for example, people generally enjoy louder sounds. In Western countries, those same sounds might be considered irritating."

Letztlich muss(te) die Erneuerung von „Nokia's core brand sounds" einen Mehrwert bieten: *„Renewing and changing everything at once is not a value in itself. When you are renewing sound, the end result needs to be meaningfully better"* (Saura 2013), so Daw.

4.2.5 Audi Corporate Sound

Seit 1994 fungiert der Herzschlag („Audi Heartbeat") in sämtlichen audiovisuellen und rein auditiven Medien als akustisches Markenzeichen von Audi. Als Kernelement der akustischen Markenidentität soll das Sound Logo die Emotionalität der Marke transportieren und die Marke weltweit am Klang erkennbar machen (Audi 2010b). Die Audi Markenidentität besteht aus dem Markenkern „Vorsprung durch Technik" und den Markenwerten „progressiv", „hochwertig" und „sportlich". „Vorsprung durch Technik" ist nicht nur Kern der Marke, sondern auch die zentrale Botschaft (Markenclaim), die seit 1971 genutzt wird (Audi 2012).

„Das Audi Sound Logo entstand 1994 im Zuge des Relaunches des Audi Erscheinungsbilds. Damals wurde das Audi Logo nur visuell und statisch auf dem letzten Frame des TV Spots eingeblendet. Die damalige Kommunikationsagentur wurde beauftragt ein dynamischeres, progressiveres und emotionaleres TV Ending zu entwickeln, um der Marke am Ende jedes Spots die gebührende Aufmerksamkeit zu schenken" (Steiner 2018), erklärt Sven Schuwirth, Leiter Marken- und Vertriebsentwicklung der Audi AG.

Die erste Optimierung des Audi Sound Logos erfolgte 2006, indem der Klang klarer, bassiger und wärmer wurde. 2010 wurde der „Audi Heartbeat" erneut überarbeitet. Grundbaustein des neu interpretierten akustischen Markenzeichens ist ein echter menschlicher Herzschlag. Der modifizierte „Audi Heartbeat" ist nun „kürzer, dynamischer und mit technischen Klängen gemischt" und dadurch prägnanter und einprägsamer. Das modernisierte Sound Logo verfolgt das Ziel, den Markenkern zu fokussieren und Progressivität hörbar zu machen (Audi 2010b).

„Der Audi Heartbeat betont nicht nur die technische, sondern auch die menschliche Seite von Audi. Der menschliche Herzschlag obliegt einem rein physisch-logischen Ablauf, dennoch wird er oft metaphorisch mit extrem emotionalen Situationen in Verbindung gebracht. Unser Herzschlag steht für Emotionen. Und Audi ist eine emotionale Marke. Er steht somit genau für das wofür Audi steht – Vorsprung durch Technik" (Steiner 2018), erläutert Schuwirth.

Das überarbeitete Audi Sound Logo beinhaltet im Vergleich zu seinem Vorgänger ein breiteres Frequenzspektrum, insbesondere höhere Frequenzen. Dadurch wird eine Verbesserung der Wiedergabequalität über verschiedenste Medien und Einsatzorte erreicht. Um eine harmonische Einbindung des Audi Sound Logos in die Werbemusik zu gewährleisten, steht der „Audi Heartbeat" in verschiedenen Tonlagen zur Verfügung (Audi 2010b).

Das modifizierte Audi Sound Logo verweist gleichzeitig auf ein größeres Projekt, den Audi Corporate Sound, mit dem die Ingolstädter ein neues Feld im Marketing besetzen wollen:

„Sound Branding ist für Audi aber weit mehr als nur ein Sound Logo. Vergleichbar mit dem Corporate Design, das sich auch nicht auf den Einsatz des Markenzeichens reduzieren lässt. […] Um dem Anspruch der Marke Audi gerecht zu werden, ist ein progressiver und kreativer Umgang mit Klängen zwingend notwendig und klar erwünscht. Ein starres Sound Branding Konzept kam für Audi also nie in Frage" (Steiner 2018), so Schuwirth.

Mithilfe des Corporate Sound soll die Marke Audi international an allen Kontaktpunkten mit der Marke hörbar und somit erlebbar gemacht werden: *„Die Marke Audi wird visuell sehr stringent geführt, aber bei Sound und Akustik war das bisher weniger der Fall"* (Reidel 2010), resümiert Schuwirth. *„Audi hat eine klare Designsprache: Sie erkennen* *unsere Marke heute sofort, wenn Sie ihr auf einem Plakat, einer Veranstaltung oder in einem Werbespot begegnen. In Zukunft werden sie Audi auch mit geschlossenen Augen erkennen"* (Audi 2010a), ergänzt Margarita Bochmann, Projektleiterin des Audi Corporate Sound.

Audi Corporate Sound ist aus der Marke abgeleitet und führt zu einem charakteristischen und emotionalen Markenklang. Die individuellen Audi-Klänge wurden in einem virtuellen Sound-Studio zusammengeführt, das als Herzstück des Audi Corporate Sound Konzeptes dient und eine konsistente akustische Identität der Marke gewährleisten soll. *"Unsere Aufgabe war, herauszuarbeiten, wie Audi klingt, und daraus ein möglichst flexibel und kreativ nutzbares Portfolio an Sounds zusammen zu stellen"* (Audi 2010a), so Bochmann.

"Es ist ein Werkzeug zur individuellen Produktion von Audi Sound, für jeden Anlass. Eigens für Audi entwickelte Instrumente und Motive sorgen für medienübergreifende Wiedererkennbarkeit und ermöglichen gleichzeitig die nötige Flexibilität und Kreativität. Die individuelle Kompositionsleistung bleibt weiterhin der entscheidende Faktor für einen einzigartigen und progressiven akustischen Auftritt der Marke" (Steiner 2018), erläutert Schuwirth.

Als Basis für die Entwicklung der Audi Sound Studio-Inhalte sowie deren Anwendung fungiert das Sound Territory. Es beschreibt die Tonalität des Audi Corporate Sound und hilft mit seinen vier Grundsätzen zur objektiven Soundbewertung: Audi ist „emotional & berührend", „pur & präzise", „lebendig & überraschend" und „smart & authentisch". Schließlich ist auch das Sound Design ein wichtiger Bestandteil des Audi Corporate Sound (Audi 2010b).

Die Brand Instruments, die exklusiv für Audi entwickelt wurden, reichen von klassischen bis elektronischen Instrumenten und spiegeln die Audi Tonalität wider. *"Sie sollen der Musik etwa in einem Audi Werbespot eine typische Audi-Klangprägung verleihen"* (Audi 2010a), erzählt Florian Käppler, Geschäftsführer der Sound Agentur Klangerfinder GmbH & Co KG. Als Audi Brand Instruments sind definiert: Precise Percussion, Electronic Drum Set, Heartbeat Bass Drum, Sound Logo Pads, Glass

Pad, Ambient Scape, Brand Piano, Pizzicato Viola, Progressive Synth und Singing Voice (Audi 2010b).

Als Kernelement der Brand Elements dient das Audi Sound Logo. Weitere Elemente sind musikalische Motive, die in Kompositionen integriert werden können. Die Audi Motive sind charakteristische Tonfolgen mit hohem Wiedererkennungswert, die mit einem Großteil der Brand Instruments gespielt werden können.

Der Brand Music Pool ist eine ständig aktualisierte Liste von (nicht) exklusiven Musikstücken, die zur Marke Audi passen und u. a. auf Veranstaltungen wie auch im Handel eingesetzt werden. So umfasst der Brand Music Pool zum einen für Audi (exklusiv) komponierte Musikstücke (Scores). Diese bieten die Möglichkeit, kurzfristig und einfach typischen Audi Sound in unterschiedlichen Kommunikationsmaßnahmen (u. a. Filmvertonung) einzusetzen. Der nicht exklusive Brand Music Pool beinhaltet eine für Audi zusammengestellte Musikbibliothek mit nicht exklusiven Tracks.

Das vierte Audi Sound Studio-Element umfasst Brand Car Sounds. Diese exklusiv aufgenommenen Fahrzeugsounds verschiedener Audi-Modelle sind zur Nachvertonung von Audi-Fahrzeugen innerhalb von audiovisuellen Medien vorgesehen. Die Brand Car Sounds beinhalten sowohl Innen- als auch Außengeräusche unterschiedlicher Stand- und Fahrsituationen, wie u. a. die Bedienung des Verdecks und das Setzen der Blinker (Audi 2010b).

Brand Voices, die fest definierte Marken- und Servicesprecher sind, komplettieren die Audi Sound Studio-Elemente. Aufgrund der großen Bandbreite für den Einsatz der Brand Voices (Servicekommunikation, Produktkommunikation der gesamten Modellpalette von A1 bis R8, Messeauftritte etc.) hat Audi einen Pool von 3–4 Sprechern installiert, der das gesamte Spektrum abdeckt. Beispielsweise lässt sich die Brand Voice wie folgt charakterisieren: „Geschlecht: männlich, gehörtes Alter: 35 – 45 Jahre, Tonlage: mittel bis tief, eine ausgebildete Stimme, authentisch und charakterstark, kein Dialekt." (Audi 2010b).

Mithilfe dieses umfassenden Klangkatalogs soll zukünftig jeder Sound nach Audi klingen, die Klangprägung aber variabel bleiben. *"Unsere Klänge funktionieren wie Gewürze. Man kann sie ausschließlich verwenden oder kombinieren. In jedem Fall werden sie zur Signatur, und setzen unsere Arbeit von der anderer Marken deutlich ab"* (Audi 2010a), erklärt Bochmann das Konzept des Audi Sound Studio.

„Marken entwickeln sich stetig weiter. Auch akustisch muss das möglich sein ohne die bereits aufgebaute Identität zu verlieren. Sound Branding ist daher für uns kein fertiges Produkt, wie zum Beispiel etwa ein Brand Song und ebenso kein Projekt das zu einem bestimmten Zeitpunkt abgeschlossen werden kann. Es ist ein lebender Prozess, der einem subtilen Wandel unterliegt" (Steiner 2018), resümiert Schuwirth.

4.2.6 Das Hyundai Sound Marketing

Die südkoreanische Hyundai Motor Group ist einer der größten Automobilhersteller der Welt nach Absatzzahlen (4,4 Mio. verkaufte Fahrzeuge in 2019). Das Unternehmen wurde 1967 gegründet und hat seinen Firmensitz in Seoul. In 2020 haben rund 120.000 Mitarbeiter für die Hyundai Motor Group gearbeitet (Hyundai 2021). Im Best Global Brands 2020 Ranking von Interbrand belegt Hyundai Platz 36 mit einem Markenwert von 14,3 Mrd., US$ (Interbrand 2020).

Im Oktober 2016, zur Pariser Motor Show, hat Hyundai seine neue akustische Markenkommunikation erstmals eingesetzt. Der neue klangliche und visuelle Auftritt übersetzt die Hyundai Markenstrategie konsequent in ein einheitliches Markenerlebnis. Als Basis fungiert der Anspruch, moderne Mobilität für jedermann verfügbar zu machen. Im Fokus der neuen Positionierung stehen die essenziellen, oft einfachen Dinge des Lebens. Das neue Sound Marketing wird in allen Märkten und an allen Touchpoints der Marke – vom Messestand über die Showrooms über die Telefonhotline bis hin zum Auto – weltweit verwendet.

„The global brand strategy aims to attract new customers in new ways, and re-establish Hyundai's status as a leading car manufacturer. By shifting the brand's focus from product to lifestyle, Hyundai wishes to deliver a consistent, global brand experience to consumers across all touchpoints – and senses. Therefore, the brand re-positioning was not just about corporate design but also about an audio expression" (Steiner 2018), erklärt Sungwon Jee, General Manager Creative Works bei Hyundai Motor Company.

Als Säulen des neuen ganzheitlichen Hyundai Sound Marketing fungieren die Sound Attribute „essential", „refined" und „confident". Die Sound Tonalität wurde mit „harmonious", „smooth" und „fluid" festgelegt (Creative Works 2017). Als Leitmotiv dient eine einfache, aufsteigende 6-Tonfolge, die die Basis des Hyundai-Klangs bildet und bestimmend für das Sound Logo ist, das zukünftig alle audio- und audiovisuellen Medien bei Hyundai abschließt. „Es symbolisiert die Reduktion auf das Wesentliche, die Dynamik und – durch sein klares, helles Timbre und offen gehaltenes Ende – den positiven Ausblick in die Zukunft, die Hyundai immer wieder neu gestaltet." (Why Do Birds 2017a).

„We started with workshops with the top managements as well as related teams such as brand and marketing teams, and later involved further departments like the R&D Center, to make sure the new sound will also find its way into the products, vehicles" (Steiner 2018), so Jee.

„Wir haben ein ganzes Sound-Universum geschaffen, das die Marke langfristig prägen wird" (Reidel 2017), sagt Alexander Wodrich, Managing Director von Why Do Birds, der mit seinem 12-Mann-starken Team eine ganze Bibliothek von Klang- und Tonmustern geschaffen hat sowie Vorgaben für Musiker, die im Auftrag von Hyundai Musik komponieren.

Das „Hyundai Sound Universe" wird ab 2017 konsistent über alle auditiven Markenkommunikationskanäle implementiert. So werden u. a. die Hyundai-Fahrer künftig beim Ein- und Aussteigen durch einen an das neue Sound Logo angelehnten Klang begrüßt und verabschiedet, in den Händlerbetrieben kommen ganztägig variierende Soundscapes zum Einsatz und in den Telefonwarteschleifen wird markenadäquate Musik verwendet. Als Anleitung zum korrekten Umgang mit dem neuen Sound Marketing dienen Marketingverantwortlichen und Agenturen entsprechende Guidelines (Why Do Birds 2017a).

„Es ist unser Anspruch und zugleich unser Markenversprechen, moderne Mobilität für jedermann verfügbar zu machen. […] Über das Soundlogo hinaus setzen wir eine Vielzahl weiterer Klangelemente überall auf der Welt einheitlich ein. Wir unterstreichen damit, dass unser Markenversprechen universell gilt und dass sich unsere Kunden darauf verlassen können, unabhängig von dem Ort, an dem sich gerade befinden, die gleiche Markenhaltung erleben zu können" (Why Do Birds

2017b), resümmiert Wonhong Cho, weltweiter CMO und Executive Vice President bei Hyundai.

2017 wurde das Hyundai Sound Marketing mit einem goldenen Transform Award Asia–Pacific in der Kategorie „Best use of audio branding" geehrt als auch mit einem Red Dot Award „Best of the Best" im Bereich Communication Design ausgezeichnet. Die Erklärung der Red Dot-Jury lautet wie folgt:

„What is truly special and extraordinary about the new sound branding for Hyundai is that it translates the brand into different sound levels and layers matching the respective application. Yet it always ensures recognisability, is innovative in musical terms and pushes the boundaries of generic sound logos by stepping out of that „super nice area" to create something novel and highly attention-grabbing. That's outstanding!" (Red Dot 2017).

4.2.7 Das Siemens Sound Marketing

Siemens ist ein Technologiekonzern mit Kernaktivitäten auf den Gebieten Elektrifizierung, Automatisierung und Digitalisierung. Der Konzern, dessen Zentrale sich in München befindet, hat in 2020 weltweit rund 293.000 Mitarbeiter beschäftigt. Die Umsatzerlöse von Siemens haben 2020 rund 57,1 Mrd., EUR betragen. Im Best Global Brands 2020 Ranking von Interbrand belegt Siemens Platz 61 mit einem Markenwert von 10,5 Mrd., US$ (Interbrand 2020).

Unter dem Markenclaim „Ingenuity for life" hat Siemens 2016 seinen Dachmarkenauftritt neu positioniert. Im Mittelpunkt der Markenpositionierung stehen die Gesellschaft und die Menschen. Der Markenclaim verbindet beide Welten, die Ingenieurskunst und den Erfindergeist, die „Ingenuity" und den Kundennutzen „life". Diese Haltung und Markenpersönlichkeit drückt auch der neue Markenklang aus, der die Marke akustisch zum Leben erweckt und sie emotional erlebbar macht.

Als eines der ersten Unternehmen hatte Siemens bereits 2002 ein holistisches Sound Konzept implementiert. *„[…] es fehlte der auditive Baustein in dem damals gerade fertig entwickelten neuen Corporate Design-System – die Telecom war überall zu hören, Siemens hatte damals noch*

Telefone und vor allem Mobil-Telefone ... ein sehr pragmatischer Grund hier klanglich ‚gegenzuhalten'. Außerdem lag das Thema multisensuelle Markenführung damals in der Luft ... einschließlich des Olfaktorischen" (Steiner 2014), erklärt Jürgen Barthel, damals Head of Corporate Design der Siemens AG.

Der neue Markenklang spiegelt die Kernaktivitäten von Siemens wider: Elektrifizierung, Automatisierung und Digitalisierung. Beim Siemens Brand Sound handelt es sich um einen zeitgemäßen und dynamischen Sound, der Zuverlässigkeit, dynamische Kraft und das Erbe von Pionierarbeit vermittelt (Siemens 2017). Der Markenklang drückt den Wandel und Verlauf von analog zu digital aus. Ein Wandel, der sowohl das Unternehmen als auch die Lebenswelten der Menschen präge.

Um eine hohe Wiedererkennung des Siemens Brand Sound zu erzielen, wurde die Tonalität mit bestimmten Attributen festgelegt. Neben „reduziert", „modern" und „lebhaft" zählen u. a. „einprägsam" und „einzigartig" zu den Sound Attributen. Alexander Wodrich, Managing Director von Why Do Birds, beschreibt die Herangehensweise an den neuen Siemens Markenklang wie folgt:

„Eine Kernidee bei der Konzeption des neuen Siemens Sounds war es, das prägnante Element im visuellen Markenauftritt von Siemens, den Farbverlauf ‚Dynamic Petrol', klanglich zu übersetzen. Hierfür haben wir klassische Instrumente zum Einsatz gebracht, die langsam eine Veränderung hin zu einem synthetischen Klang durchlaufen. Dieser Verlauf macht den stetigen Wandel im Unternehmen spürbar." (Why Do Birds 2017b).

Die wesentlichen Bestandteile des Siemens Brand Sounds, die den Markenklang einzigartig und markenadäquat machen, sind:

- Leitmotiv: Das 5-Ton Leitmotiv symbolisiert die großen Schritte in der Siemens Geschäftsentwicklung. Die leichte, eingängige Noten-Sequenz zeigt den Kunden, dass Siemens zugänglich und offen für deren Bedürfnisse ist.
- Stimme (weiblich): Die Markenstimme von Siemens soll Nähe zu den Kunden demonstrieren. Die Wahl fiel auf eine kräftige, weibliche Stimme, um Wärme und Vertrauen beim Zuhörer hervorzurufen.

Zudem soll die Siemens Brand Voice den Aspekt „Life" im Markenclaim „Ingenuity for Life" unterstreichen.

- Akustischer Verlauf: Die Markenstimme wird unterstützt durch einen akustischen Verlauf, dem Äquivalent des Farbverlaufes „Dynamic Petrol" in der visuellen Erscheinung Siemens. Durch das „Morphen" analoger in digitaler Sounds wird der Wandel von analog zu digital ausgedrückt.
- Instrumenten-Mix: Der Markenklang von Siemens mixt moderne, elektronische Sounds, die Siemens' Ingenieursgetriebene Herkunft und den Fokus auf das digitale Geschäft widerspiegeln, mit klassischen Instrumenten (u. a. Piano und Streicher), die Wärme und Nähe zu den Kunden symbolisieren.
- Zeigetelegraf: Da der Zeigetelegraf als das erste Siemens Produkt (1847) überhaupt gilt, wurde der Name „Siemens" mithilfe des Zeigetelegrafs in ein musikalisches Motiv übersetzt (Siemens 2017).

Der Siemens Brand Sound wird an allen Touchpoints der Marke – von den Produkten über Messen, Events, Werbung über die Telefonhotline bis hin zu den digitalen Medien – weltweit verwendet. Um den unterschiedlichen Anlässen und Gegebenheiten gerecht zu werden, kommen je nach Touchpoint unterschiedliche Sound Marketing Elemente zum Einsatz. Während das Siemens Sound Logo am Ende aller audio(visuellen) Medien zum Einsatz kommt, werden Siemens Soundscapes im Ambient Bereich (u. a. Messestand, Empfangsbereich) und Siemens Markenmusik in Image-Filmen verwendet. Auch markenadäquate Klingeltöne und Markenmusik in Telefonwarteschleifen werden eingesetzt (Siemens 2017).

Als zentrales Sound Marketing Element fungiert bei Siemens das 2,5 s lange Sound Logo. Es soll eine schnelle Wiedererkennung der Marke gewährleisten. Das Sound Logo besteht aus einer Sequenz von 5 Tönen, die mithilfe des Zeigetelegrafs und dessen Schreibweise von „Siemens" abgeleitet wurden. Das Siemens Sound Logo wird von einer kräftigen, weiblichen Stimme gesungen und durch einen akustischen Verlauf unterstützt.

Um der Vielfalt an Anwendungen und Touchpoints gerecht zu werden, steht das Siemens Sound Logo in verschiedenen Versionen, in verschiedenen Längen mit und ohne gesprochenem Markenclaim zur Verfügung. Die bevorzugte Sound Logo Variante in allen Medien ist die lange Version mit gesprochenem Markenclaim. Das verleiht der Marke Siemens einen einheitlichen und einzigartigen Klang und Gefühl.

Je nach Anwendung stehen für die akustische Markenführung von Siemens markenadäquate Musikstücke zur Verfügung. Auch entsprechende Guidelines für den korrekten Umgang mit dem Markenklang wurden erarbeitet. Ein „Siemens Sound Sampler", der alle relevanten Markenklänge beinhaltet, ermöglicht professionellen Musikproduzenten weltweit mit den originalen Siemens Sounds zu arbeiten und wiedererkennbare Markenmusik zu kreieren (Audio Branding Academy 2017).

2017 wurde das Siemens Sound Marketing u. a. mit einem Red Dot Award im Bereich Communication Design ausgezeichnet. Adam Cockill, Head of Branding & Identity bei Siemens, kommentiert den neuen Siemens Markenklang wie folgt:

„Die Marke Siemens ist geprägt durch unsere Geschäftsfelder Elektrifizierung, Automatisierung und Digitalisierung – aber auch durch unsere Unternehmensgeschichte. Hier die richtige Balance zu finden, war eine spannende Aufgabe. […] Entstanden ist eine Klangidentität, die zu den Menschen und den Themen des Unternehmens perfekt passt und eine hohe Wiedererkennbarkeit hat." (Why Do Birds 2017b).

4.2.8 Das Sound Marketing der Wiener Linien

Die Wiener Linien betreiben mit mehr als 8700 Mitarbeitern das größte Verkehrsnetz Österreichs und das sechstgrößte Straßenbahnnetz der Welt. Es umfasst rund 83 km U-Bahn, rund 220 km Straßenbahn und Buslinien in der Gesamtlänge von knapp 850 km. Täglich nutzen 2,6 Mio. Fahrgäste die Wiener Linien (Wiener Linien 2021).

Die Wiener Linien arbeiten stets an der Steigerung der Kundenzufriedenheit. Mithilfe von Marktforschung werden Schwächen identifiziert, analysiert und schließlich optimiert. Eine der genannten Schwächen, die bei einer Passagierumfrage im Jahr 2011 ermittelt wurde, waren die Sound- und Informationsqualität der Durchsagen. Während die Durchsagen der Wiener Linien selbst überwiegend positiv bewertet wurden, gaben zahlreiche Passagiere an, dass sie sich lautere und deutlichere Durchsagen wünschen würden.

Dieses Umfrageergebnis wurde von den Verantwortlichen bei den Wiener Linien zum Anlass genommen, um ein nachhaltiges und stringentes Sound Marketing Konzept zu entwickeln (Kusatz et al. 2016). Ziel war es, zum einen die gesprochenen Stations-An- und Durchsagen als auch die Funktionsklänge (u. a. „Gongs") für die Fahrgäste klanglich klarer und angenehmer zu gestalten, und zum anderen eine einzigartige Sound Identität für die Wiener Linien zu kreieren. Im Rahmen des Sound Marketing Projektes der Wiener Linien wurde die Öffentlichkeit miteinbezogen. Es wurden Befragungen mit über 1500 Mitarbeitern und über 500 Fahrgästen durchgeführt, deren Ergebnisse im Konzept der neuen Sound Identität berücksichtigt wurden.

„Das Feedback war uns wichtig, um Verbesserungen im Sinne unserer Kunden zu erzielen. Ein besserer Klang trägt erheblich zu einem lebenswerteren Wien bei" (Sound Strategy 2013), so Eduard Winter, Direktor der Wiener Linien.

Am Beginn des Sound Marketing Prozesses wurde eine „akustische Reise durch das Wiener Linien Netz" unternommen, um die vorhandenen Klänge zu fühlen, zu erleben und zu dokumentieren. Zudem wurden Klänge und Durchsagen von Verkehrsunternehmen aus anderen Großstädten weltweit analysiert. Im Rahmen eines Sound Marketing Workshops, an dem die Verantwortlichen der Wiener Linien (strategisches Marketing, technische Führungskräfte, Marketingexperten, Geschäftsführung) und zwei Sound Marketing Agenturen teilnahmen, wurden mehrere Tools eingesetzt, um die Teilnehmer zu befähigen, das passende Vokabular für die klangliche Zukunft der Marke Wiener Linien zu erlernen und anzuwenden. Neben den Markenwerten und dem kommunikativen Auftritt der Wiener Linien wurden die Fahrgastinformationen und die gewünschten Emotionen diskutiert und in Klangattribute übersetzt. Aufbauend auf der Wiener Linien Markenidentität wurden die akustischen Werte für die Brand Voice und die Brand Sounds identifiziert:

- Brand Voice: weiblich – wienerisch – vertrauensvoll
- Brand Sounds: harmonisch – eingängig – warm

Als zentrales, akustisches Element der Wiener Linien fungiert die Brand Voice. Sie ist für die Fahrgäste das Hauptidentifikationsmerkmal mit den Wiener Linien. Alle Attribute wie Klangfarbe, Dialekt, Geschwindigkeit und Klarheit der Stimme wurden im Workshop gemeinsam definiert. Es wurden auch Terminologen hinzugezogen, um ein knapperes, angenehmes und modernes Vokabular für die Durchsagentexte zu bestimmen (Sound Strategy 2013).

Bei der Vorauswahl waren Kriterien wie Verständlichkeit, Professionalität und eine wienerische Persönlichkeit wichtig. Aus insgesamt 80 weiblichen Stimmen haben die Verantwortlichen der Wiener Linien ihre beiden Favoriten für die neue Markenstimme der Wiener Linien ausgewählt. Die finale Auswahl traf jedoch die Wiener Bevölkerung im Rahmen einer Online-Abstimmung. Rund zwei Drittel der insgesamt 21.000 abgegebenen Stimmen entschieden sich für Stimme von Angela Schneider, einer Wiener Schauspielerin (Kusatz et al. 2016).

Seit 2012 ist Schneider als Nachfolgerin von Franz Kaida die „Stimme der Wiener Linien" für die aufgezeichneten Durchsagen in deren Fahrzeugen und Stationen. Durch die Verwendung der Online-Abstimmung erfolgte eine transparente Kommunikation mit der Öffentlichkeit und die Gefahr der Nicht-Akzeptanz konnte hierdurch vermieden werden.

Die akustische Markenidentität der Wiener Linien umfasst die folgenden Teile:

- Der ¾ Takt, der jedoch rhythmisch schneller als in den traditionellen Walzern verwendet wird.
- Das Leitmotiv „A-D-F#-A", das in hellen und warmen Klangfarben in allen akustischen Markenelementen zum Einsatz kommt.
- Dialog: Die Wiener Linien kommunizieren mit ihren Kunden im musikalischen Dialog, welcher im Frage-Antwort-Prinzip aufgebaut ist. Ein Satz wird von einem anderen musikalisch beantwortet.
- Abfahrt und Ankunft: Ein sanfter Fade-In und ein sanftes Ausklingen der Musik stellt die entspannte Ankunft eines Zuges dar.

- Enge Intervalle: Ein rhythmischer, scharfer Staccato-Synthesizer-Sound symbolisiert den engen Zeitplan der Wiener Linien-Fahrzeuge. Er steht für Präzision und technische Perfektion.
- Menschliche Nähe: Ein weich gesungenes „Du" im Hintergrund unterstützt das Gefühl der Nähe zu den Menschen.
- Umweltbewusstsein: Die Wiener Linien wollen durch die Reduktion von Lärm und durch weniger Autos auf den Straßen zu einem lebenswerteren Wien beitragen. Der Markenklang unterstützt dies mit entspannten Klangfarben von Fender-Rhodes-E-Piano-Akkorden und Geräuschen aus der Natur (Vögel, Wind).
- Modernität: Die Wiener Linien sind ein hochgradig modernes Unternehmen. Sie sind technisch stets auf der Höhe der Zeit und gelten als Vorreiter in der Elektromobilität. Synthetisch erzeugte Klänge in der Sound-DNA unterstreichen diese Positionierung.
- Vorhandene Sounds: Geräusche von Fahrzeugtüren und Reisegeräusche sind in der DNA enthalten (Kusatz et al. 2016).

Die unterschiedlichen akustischen Markenelemente, die bei den Wiener Linien zum Einsatz kommen, basieren auf dieser akustischen Markenidentität. Neben dem Sound Logo und der Brand Voice wird auch Brand Music eingesetzt. Der Brand Sound wird nicht nur in der Telefonwarteschleife verwendet, sondern auch in Markenfilmen. Zudem werden alle Firmenevents musikalisch mit dem Wiener Linien Blasorchester eröffnet, für die ein eigenes markenadäquates Musikstück komponiert und arrangiert wurde (Audio Branding Academy 2015). Für den korrekten Umgang mit den Sound Marketing Elementen greifen die Verantwortlichen bei den Wiener Linien auf eine umfassende Sound Marketing Richtlinie zurück.

Als musikalische Inspiration für das Wiener Linien 4-Ton Sound Logo und die Brand Music diente der Walzer „An der schönen blauen Donau" („Donauwalzer") von Johann Strauss (Sohn) mit seinem 3/4 Takt und seiner Eröffnung im 6/8 Takt. Tonale Folgen und Phrasierungen erinnern unterbewusst an diese, für Wien typische Musik (Sound Strategy 2013). Das Leitmotiv besteht aus der Tonfolge „A-D-F#-A" und bildet für alle akustischen Markenelemente ein starkes, eingängiges und einprägsames Thema. Das Wiener Linien Sound Logo besteht aus

Klängen der Abfahrt, dem Schließgeräusch der Türen, dem Geräusch entweichender Druckluft, dem eingängigen Leitmotiv, sowie den Ankunft-Sounds. Es kommt bei Ticketautomaten und beim Entwerten der Tickets zum Einsatz (Kusatz et al. 2016).

Im Alltag ist der Bahnstein-Gong das am häufigsten zu hörende akustische Markenelement der Wiener Linien. Die akustische Architektur des Gongs wurde aus dem Leitmotiv abgeleitet. „Die neue Gong-Klangfarbe ist weicher als bisher, angenehm, glockenhaft und klar. Die Gong-Informationsarchitektur ist denkbar simpel: ein einfacher Gong für Ansagen, ein darauf aufbauender Zweier Gong für Durchsagen und ein Dreier-Gong für Störungsmeldungen" (Sound Strategy 2013).

Nach der Einführung des neuen Wiener Linien Sound Marketing wurden mehr als 500 Passagiere zu ihrer Zufriedenheit mit dem neuen Markenklang befragt. Das Ergebnis zeigt, dass 79 % der befragten Passagiere mit den neuen akustischen Markenelementen zufrieden bzw. sehr zufrieden sind. Das bedeutet einen Anstieg der Kundenzufriedenheit mit dem Brand Sound um 13 % im Vergleich zu den 66 % (sehr) zufriedenen Passagieren vor der Umsetzung des neuen Wiener Linien Sound Branding (Kusatz et al. 2016).

„Mit diesem Projekt haben wir weltweit neue innovative Standards gesetzt, den Wiener Linien ihre eigene akustische Identität verliehen und die Lebensqualität der Wienerinnen und Wiener hörbar verbessert" (Sound Strategy 2013), subsummiert Direktor Eduard Winter.

4.3 Sound Design in der Automobilindustrie

Beim Sound Design von Produkten sind zwei Anwendungsbereiche zu unterscheiden: Die Gestaltung von Geräuschen, Klängen und Musik für das Marketing (u. a. Sound Logo) und die bei der Nutzung der Produkte unmittelbar erzeugten Geräusche. Beides muss gezielt gestaltet werden – erst die sinnvolle Kombination bestimmt das Markenimage.

Bei der akustischen Gestaltung von Produkten werden vor allem die akustischen Eigenschaften der Produkte selbst beeinflusst. Es geht also um das Finden bzw. Entwickeln und Adaptieren von Materialien und Formen, Resonanz- und Dämpfungseigenschaften, Kopplungen zwischen den die Geräusche auslösenden Anregungsmechanismen und den Objekten etc.

In der Industrie wurde die bewusste akustische Gestaltung von Produkten zuerst im Automobilbereich und bei Haushaltsgeräten angewendet. In der Lebensmittelindustrie nimmt das Sound Design eine ebenfalls bedeutende Rolle ein. Dabei wird der richtige Klang umso wichtiger, je näher er an den Menschen kommt. Ziel ist es, durch die bewusste akustische Gestaltung von Produkten die (unbewusste) Kaufentscheidung zu beeinflussen.

Es gibt Automobile, die anhand bestimmter optischer Designmerkmale auch ohne Marken-Logo selbst von Laien gut erkannt werden. Bei einem BMW ist das u. a. die Niere an der Front, beim Mercedes-Benz der Spitzkühler. Beim akustischen Design versucht man etwas ähnliches, nämlich einen möglichst unverwechselbaren wiedererkennbaren Sound des Fahrzeuges zu kreieren. Ob der satte Türklang, das geräuschlose Gleiten bei konstanter Geschwindigkeit oder die fein komponierten Motorgeräusche: Perfekte Fahrzeugakustik ist eines der entscheidenden Erkennungsmerkmale eines Premium-Automobils.

Die Anfänge des Sound Designs im Automobilbereich reichen mittlerweile mehr als 40 Jahre zurück. Damals wollte man Motoren im Innenraum besser klingen lassen. Als die Außengeräuschvorschriften strenger wurden, entstanden die ersten Sound Design-Abteilungen. Während man sich am Anfang überwiegend mit dem Nachschalldämpfer beschäftigt hat, wurde sukzessive die komplette Abgasanlage in den Mittelpunkt des Sound Designs gerückt.

Sound Design transportiert sowohl Informationen über die vielfältigen Funktionen und deren gewünschte Ausführung, als auch emotionale Aspekte, die intuitiv und unmittelbar die Identifikation mit dem Produkt und letztlich die Kaufentscheidung beeinflussen. Dabei haben die Akustikingenieure zwei große Aufgabenfelder zu bewältigen: Zum einen wird das Fahrzeug von ungewollten Geräuschen, z. B. von störenden tonalen Anteilen, befreit (Sound Cleaning), zum anderen versuchen sich die Akustiker in der Komposition von Wohlklängen (Sound Engineering). Schließlich stört mangelhaftes akustisches Design auch (oder gerade) dann, wenn es nur unbewusst wahrgenommen wird.

Die Hersteller betreiben großen Aufwand, um den Sound ihrer Fahrzeuge richtig abzustimmen, denn der Klang eines Autos gehört zum Reiz des Fahrens. Besonders bei Premium-Herstellern wie u. a. Porsche und BMW nimmt das Sound Design einen hohen Stellenwert ein, da Geräusche den Konsumenten häufig als Indikator für die Produktqualität dienen. Der Kunde will eine Atmosphäre, die ihm signalisiert, welche Marke er fährt. Es gibt ganz wenige Produkte, die so stark nach emotionalen Gesichtspunkten gekauft werden wie ein Auto. Bei Sportwagen macht die Emotion 100 % aus.

Zu Beginn des eigentlichen Sound Design Prozesses erfolgt die Positionierung des Fahrzeuges zusammen mit der für die jeweilige Baureihe verantwortlichen Marketingabteilung. Im Zuge dieser Fahrzeug-Positionierung werden auch Wettbewerber definiert, um zu analysieren, in welchen Punkten man sich bewusst unterscheiden möchte. Ziel ist es, die Markeneigenschaften wie beispielsweise Sportlichkeit und Dynamik mithilfe der Klanggestaltung zu schärfen.

So klingt bei BMW der 3er sportlich-präsent, der 5er komfortabel-zurückhaltend und der Z4 dynamisch-unternehmungslustig. Mit bestimmten Fahrzeugen assoziiert man einen ganz bestimmten Sound. Ein Porsche Panamera soll einen anderen Eindruck vermitteln als beispielsweise ein 911 Carrera. Kurz gesagt: Je sportlicher ein Modell positioniert wird, desto kerniger und kraftvoller muss auch der Motor klingen.

Im nächsten Schritt gilt es zu konkretisieren, in welchen Merkmalen sich der Sound manifestieren soll. Dabei versucht man, das Sound Design an physikalisch messbaren, quantitativen Größen festzumachen. Anhand eines Vorgängermodells werden jene klanglichen Merkmale untersucht, die verändert bzw. verbessert gehören. Dies muss schließlich mit der Mechanik in Einklang gebracht werden.

Grundlegend für den Klang ist die Charakteristik des Motors. So hat etwa die Anzahl der Zylinder einen entscheidenden Einfluss auf den Klang des Autos. Sound Designer arbeiten mit sogenannten Motorordnungen, die sich je nach Zylinderanzahl unterscheiden. Aber auch die Oberflächenabstrahlung des Motors ist für den Klang bedeutend. So haben beispielsweise V8-Motoren von BMW aufgrund der Asymmetrie einen sehr charakteristischen Klang.

Was man vom Antrieb hört, ist immer eine Kombination aus dem Ansauggeräusch, der Mechanik innerhalb des Motors und dem Mündungsklang am Auspuff. Nun gilt es, aus diesen drei Stimmen einen guten Klang zu komponieren, der bei zahlreichen Autoherstellern am Computer entwickelt wird. Dabei stehen den Sound Designern, die eng mit den Motoren-Entwicklern zusammenarbeiten, viele Stellschrauben zur Verfügung, wie etwa die Auspuffanlage, die Motorsteuerung und die Schaltlogik des Getriebes.

Im Lauf der Zeit wurde lautes Sound Design von Fahrzeugen immer weniger als „sign of power" gedeutet, sondern stets häufiger als „sign of uncivilized behavior" interpretiert. Folglich hatten die nationalen Gesetzgeber bzw. die EU Ende der 1970er Jahre strenge Auflagen hinsichtlich der erlaubten Lautstärke von Automobilen gemacht. Dadurch wurden die Automobilhersteller gezwungen, sich bewusst mit dem Sound Design ihrer Fahrzeuge auseinanderzusetzen.

Als eine der größten Herausforderungen im Sound Design gilt u. a. die Gestaltung des Klangbildes von Dieselfahrzeugen. Da Dieselmotoren aufgrund des härteren Verbrennungsgeräusches lauter als Otto-Motoren sind, stehen hier das Sound Cleaning und die Lautstärkenreduzierung im Vordergrund. So ist beispielsweise der amerikanische Automarkt ein reiner Otto-Motor-Markt. Folglich muss bei Exporten von Dieselfahrzeugen in die USA das Sound Design an die Kunden angepasst werden, da US-Amerikaner den Klang von Benzinfahrzeugen gewohnt sind.

Mindestens genauso wichtig, wie ein Auto von außen klingt, ist der Klang im Innenraum. Dieser unterliegt jedoch im Unterschied zum Außenklang keinen Regulierungen vom Gesetzgeber. Somit haben die Sound Designer mehr Handlungsspielraum. So ist beispielsweise die Spritzwand, also die Trennwand zwischen Motor- und Innenraum, im Fokus der Sound-Entwickler. Für einige von ihnen ist denkbar, diese Spritzwand elektronisch anzuregen wie die Membran eines Lautsprechers.

Die zahlreichen Elektromotoren, die in jedem Fahrzeug zum Einsatz kommen, gilt es klanglich zu optimieren. Darunter zählen u. a. Fensterheber, Schiebedach oder die elektrische Sitzverstellung. Zur Analyse der

Geräusche bedienen sich die Akustiker wissenschaftlicher Erkenntnisse aus der Psychoakustik.

Die Erfolgskontrolle des Sound Designs erfolgt bei vielen Automobilherstellern durch Marktanalysen, um so das Feedback der Kunden einzuholen. Zudem dient der Customer Satisfaction Index (CSI) als Maßstab für Erfolg.

Der Stellenwert der Akustik hat sich in den letzten Jahren überproportional entwickelt, wie u. a. die gestiegene Mitarbeiteranzahl in den entsprechenden Abteilungen bei zahlreichen Automobilherstellern belegt. Das liegt auch daran, dass die Fahrzeuge immer komplexer werden und folglich immer mehr Bauteile akustisch entwickelt werden müssen. Aber auch die Erwartungen der Kunden an das Fahrzeug sind gestiegen, wie die Serienausstattung im Verlauf der letzten Jahre beweist. So sind u. a. Klimaanlage und elektronische Fensterheber zur Selbstverständlichkeit geworden. Diese erzeugen jedoch aufgrund der eingebauten Elektromotoren Geräusche, die es zu optimieren gilt.

Inzwischen ist es möglich, vorhandene Geräusche durch aktive Unterdrückung des Schallfeldes auszublenden (ANC: active noise cancellation) und durch synthetische Klänge zu ersetzen. So liegt es auch nahe, alle funktionalen Geräusche und Signale ebenso wie Radiosignal und Navigationsansagen über ein zentrales System zu koordinieren, das vom Kunden nach Wunsch modifiziert werden kann.

Mit dem Aufkommen der Elektroautos stehen die Sound Designer vor neuen Herausforderungen. Weltweit wird nach dem idealen Klangbild gesucht, das lautlose Elektroautos hörbar machen soll. Sound Designer sollen dafür sorgen, dass der Fahrer zukünftig ein Feedback über den Fahrzustand, zum Beispiel die Geschwindigkeit bekommt. Man kann Elektroautos auch sportlich-emotional klingen lassen, jedoch sollte die Authentizität maßgebend sein.

4.4 Grenzen und Risiken von Sound Marketing

Ein Problem, mit dem Soundexperten immer wieder zu kämpfen haben, ist die Geschmacksdiskussion. Es kommt oft vor, dass die Mitarbeiter in den Marketingabteilungen ihren eigenen Musikgeschmack als Maßstab nehmen. Daraus resultiert häufig, dass Marken-Fit, Unverwechselbarkeit, Prägnanz und/oder Flexibilität beim Brand Sound nicht optimal gegeben sind. Daher müssen sich im Rahmen der strategischen Entwicklung von Markenklang alle involvierten Parteien von der eigenen Geschmacksorientierung und kurzfristigen Trends abwenden und Brand Sounds auf ein markenstrategisch solides Fundament stellen.

Im Rahmen der Entwicklung von Brand Sounds kommt es häufig zwischen Markenexperten und „reinen" Musikern zu Verständigungsproblemen. Während das generelle Vokabular von Klang und Musik unter den Markenexperten bei weitem nicht so verbreitet ist wie die Begriffswelt des Visuellen, haben oftmals Musiker und Produzenten mit der strategischen und konzeptionellen Vorgehensweise im Rahmen der Markenführung Schwierigkeiten. Um einer „Verwässerung" von Ergebnissen vorzubeugen, müssen bei Gesprächen zwischen dem Auftraggeber und der Sound Marketing-Agentur, insbesondere im Briefing, undifferenzierte Äußerungen und subjektive Assoziationen wie „zu dunkel" oder „zu schrill" vermieden oder mit dem passenden Vokabular verständlich interpretiert werden.

Sound Marketing darf nicht als ein isolierter Ansatz interpretiert werden, sondern muss ein integraler Bestandteil des Markenmanagements sein. Folglich muss sich die akustische Identität inhaltlich und formal im Einklang mit der gesamten sinnlichen Identität der Marke befinden. Entscheidend ist, dass diese Maßnahmen zur Marke passen („Marken-Fit") und ein kohärentes Markenbild ergeben. Idealerweise kommt es zu einem „Fit des Markenerlebnisses mit der Wirklichkeit des Konsumenten".

Das Sound Marketing, das zur Marke passen muss, gilt es in eine ganzheitliche Markenführung einzubetten, sodass alle Markenkontaktpunkte multisensual orchestriert die angestrebte Markenpositionierung vermitteln. Ansonsten droht eine Verwässerung der Marke.

Sound Marketing wird durch guten Markenfit, hervorragende Erinnerbarkeit und einen hohen Wiedererkennungswert erfolgreich. Gleichzeitig sollte der Versuchung widerstanden werden, durch zu plakative, offensichtliche Gestaltung sehr frühzeitig das Publikum zu langweilen. Bei der Entwicklung eines akustischen Markenelements (z. B. Sound

Logo) sollte die Liebe auf den ersten Blick besonders kritisch hinterfragt werden. Idealerweise assoziiert der (potenzielle) Kunde mit einem Sound Logo innerhalb kürzester Zeit innere Bilder der Marke. Dazu reichen schon wenige Töne bzw. Sekunden aus. Insbesondere global agierende Unternehmen haben bei der Entwicklung von Brand Sounds kulturkreisspezifische Wirkungen zu beachten.

Ein erfolgreiches Sound Marketing zeichnet sich nicht nur durch Einhaltung bestimmter Kriterien (Marken Fit, Prägnanz, Unverwechselbarkeit, Flexibilität) aus, sondern auch durch dessen (langjährigen) konsistenten Einsatz in der Markenkommunikation.

Meist scheitert es am zur Verfügung stehenden Marketing-Budget, um für eine konsistente akustische Markenkommunikation sorgen zu können. Dabei spielt der konsistente Einsatz von Sound Marketing eine wesentliche Rolle für dessen Effektivität.

Die Verwendung eines akustischen Markenelements, das nicht zur Marke passt bzw. Assoziationen zur Konkurrenzmarke hervorruft oder zu aufdringlich in der Markenkommunikation eingesetzt wird, kann eine negative Wirkung auf die Marke haben. Ein möglicher negativer Effekt kann sich in Form einer durch Irritation oder Reaktanz bedingten Abwehrhaltung des Konsumenten gegenüber der akustischen Markenkommunikation äußern.

Diesen Abwehrreaktionen sind Ermüdungserscheinungen („Wearout-Effekte") gegenüberzustellen. Letztere ergeben sich aufgrund der konsequenten Wiederholung akustischer Reize, die zur sinkenden Aufmerksamkeit und Erinnerungsleistung des Konsumenten führt. Sound Marketing verliert seine Wirkung, wenn es zu oft eingesetzt wird. Es wirkt, solange es eine gewisse Einzigartigkeit hat. Eine regelmäßige (dezente) zeitgemäße Adaptierung des Markenklanges kann einem möglichen Abnutzungseffekt entgegenwirken. Das Risiko der schnelleren Abnutzung (Wear-out-Effekt) besteht z. B. durch ein zu modisches, trendiges und gleichzeitig starres Arrangement.

Sound hat eine gewisse Anfälligkeit, dass zu oft gehörte Dinge zu (negativen) Ohrwürmern werden können. Um diesem Abnutzungseffekt zu begegnen, sollten akustische Markenzeichen von Zeit zu Zeit modifiziert werden. Die Wiedererkennbarkeit darf jedoch dadurch nicht verloren gehen. Generell muss man beim Sound Marketing darauf achten, dass eine Ausgewogenheit über die Zeit vorhanden ist und es eine bestimmte Zeit braucht, um gewisse Effekte zu erzielen. Die Kunst der akustischen Markenführung besteht letztlich darin, dass die Komposition sowohl markante Signale beinhaltet, als auch zur Marke passt.

Zudem muss bei der technischen Umsetzung der entwickelten Brand Sounds stets auf den Frequenzbereich geachtet werden, da beispielsweise kleine Geräte, wie Mobiltelefone oder die meisten Radios, keine tiefen Frequenzen (optimal) abspielen können. Daher empfiehlt sich vor der Entwicklung des akustischen Markenauftritts eine Analyse der markenspezifischen Kundenkontaktpunkte. Schließlich nimmt die technische Flexibilität der akustischen Markenelemente durch die stärkere Konvergenz der Medien an Bedeutung zu.

Unternehmen, die ihre Marke(n) akustisch führen möchten, fokussieren sich zumeist auf ein Sound Logo. Dabei gibt es neben dem Sound Logo noch weitere Ausprägungsformen akustischer Markenelemente. So reicht das Spektrum an Brand Sounds vom Sound Logo über Jingle, Brand Song, Brand Voice, Brand Music, Soundscape bis zum Sound Icon.

Außerdem ist zu berücksichtigen, dass mit unterschiedlichen Gestaltungselementen des Sound Marketing unterschiedliche Ziele verfolgt werden können: Brand Songs können beispielsweise ein unverwechselbares Klangerlebnis kreieren, das einen starken Beitrag zum Aufbau eines emotionalen Markenimages leistet. Wohingegen ein Sound Logo primär das Erlernen der Marke, d. h. die Schaffung von Markenbekanntheit, unterstützt. Akustische Markenelemente sollten jedenfalls sorgfältig ausgewählt und getestet werden.

Sound Marketing wirkt dann, wenn es unterbewusst arbeitet. Man sollte es eigentlich nicht bewusst bemerken. Wenn man sich nun im Meeting wenige Sekunden auf das Sound Logo konzentriert und Dinge hineininterpretiert, so kann es bei den Hörern nicht unterbewusst wirken. Pretests von Sounds sind zwingend erforderlich, reine Blindtests sind jedoch nicht zielführend, da das Gesamtbild über die Wirkung von Sound Marketing entscheidet.

Sound Marketing darf nicht als kurz- oder mittelfristiges Projekt betrachtet werden, sondern muss stetig weiterentwickelt, verbessert und erweitert werden. Marken entwickeln sich stetig weiter. Auch akustisch muss das möglich sein ohne die bereits aufgebaute Identität zu verlieren. Sound Marketing ist kein fertiges Produkt, wie zum Beispiel etwa ein Brand Song und ebenso kein Projekt das zu einem bestimmten Zeitpunkt abgeschlossen werden kann. Es ist ein lebender Prozess, der einem subtilen Wandel unterliegt.

Die Gestaltungsoptionen für kurze, prägnante Tonfolgen sind nicht unerschöpflich und somit wird es immer schwieriger werden, Brand Sounds zu kreieren, die das Potenzial haben, Aufmerksamkeit und Vertrauen der Bezugsgruppen zu erlangen. Jedenfalls bedarf es eines verantwortungsbewussten Umgangs mit Markenklang im Rahmen der Markenführung, wobei Verantwortung auch manchmal Mut zur Stille bedeuten kann.

Schließlich ist Sound Marketing kein Allheilmittel, sondern eine professionelle Ergänzung der Markenführung bzw. Markensteuerung. Beispielsweise ist auch Intel mit einem bemerkenswert guten Sound Logo darauf angewiesen, dass die Produktsubstanz stimmt. Fehlt dem Produkt die entsprechende Qualität, so kann auch das beste Sound Marketing nur bedingt helfen.

> **Ihr Transfer in die Praxis**
>
> - Analysieren Sie die unterschiedlichen Kontaktpunkte mit Ihren Kunden hinsichtlich eines möglichen Sound Marketing.
> - Finden Sie heraus, welches akustische Markenelement für ihr Unternehmen am besten passt.
> - Machen Sie sich die Grenzen und Risiken von Sound Marketing bewusst.

Literatur

Audi (2010a) Sound satt: Wie klingt die Marke Audi?, Pressemitteilung vom 23. Aug. https://www.audi-mediaservices.com/publish/ms/content/de/public/pressemitteilungen/2010/08/23/sound_satt__wie_klingt.-download.gid-oeffentlichkeit.acq/qual-DownloadFileList.Single.DownloadFile.0001.File/0823_Audi_FeatureCorporateSound.pdf. Zugegriffen: 12. Mai 2013

Audi (2010b) Audi sound studio (Corporate sound guideline, Mai). http://posterous.com/getfile/files.posterous.com/carros/WmX9Ft92s9yydQy-7TX9YDKACypSGLlNnSGbucb0f6XxPiXZyFQD7m1b3yi5h/Audi_Corporate_Sound.pdf. Zugegriffen: 12. Mai 2013

Audi (2012) Gastvortrag „Audi Markenstrategie" von Sven Schuwirth, Leiter Marken- und Vertriebsentwicklung der Audi AG, gehalten am Forschungsinstitut „Unternehmensführung, Logistik und Produktion" der Technischen Universität München, 06. Juni. http://www.bwl.wi.tum.de/contenido/cms/upload/pdf/lehre/download/2012s/Vorlesung_SWM/Audi_Markenstrategie.pdf. Zugegriffen: 12. Mai 2013

Audio Branding Academy (2015) Wiener linien sound branding concept. http://audio-branding-academy.org/media/cases2015/Wiener_Linien/Wiener_Linien_Sound_Branding_Concept.pdf. Zugegriffen: 7. Nov 2017

Audio Branding Academy (2017) Siemens audio branding. http://audio-branding-academy.org/overview_isa2017/nominations-isa2017/siemens-audio-branding. Zugegriffen: 5. Dez 2017

Ballhausen M, Tallau C (2008) Akustische Markenführung – Von der Markenidentität zum akustischen Markenauftritt. Transfer. Werbeforschung & Praxis 04(2008):48–55

Bernays L (2004) Audio branding. Wenn Marken von sich hören lassen. KMU-Magazin, Nr. 3, Apr, S 44–47

Berndt R, Altobelli CF, Sander M (1997) Internationale Marketing-Politik. Springer, Berlin/Heidelberg

Blesser B, Salter L-R (2009) Spaces speak, are you listening? MIT Press, Cambridge/London, Experiencing aural architecture

Cheskin Research (1999) Sound and brand: the impact of sound on the web. https://brandsounds.soundbranding.de/wordpress/wp-content/uploads/INTEL-report-Beatnik-rpt-final.pdf. Zugegriffen: 09. Sept 2021

Creative Works (2017) Hyundai audio branding. www.creativeworks.kr/hyundaiaudiobranding. Zugegriffen: 01. Mai 2021

Daw H (2013) Branded globally—relevant locally. In: Bronner K, Hirt R, Ringe C (Hrsg) Audio Branding Academy Yearbook 2012/2013. Nomos, Baden-Baden, S 69–79

Droney M (2004) L.A. Grapevine. http://mixonline.com/mag/audio_la_grapevine_66/. Zugegriffen: 03. Mai 2021

Esch F-R (2008) Strategie und Technik der Markenführung, 5 Aufl. Vahlen, München

Fast Company (2010) The 10 most addictive sounds in the world. https://www.fastcompany.com/1555211/10-most-addictive-sounds-world. Zugegriffen: 03. Mai 2021

Groves J (2008) Sound Branding – Strategische Entwicklung von Markenklang. In: Meyer H (Hrsg) Markenmanagement 2008/2009. Deutscher Fachverlag, Jahrbuch für Strategie und Praxis der Markenführung, Frankfurt a. M., S 125–148

Groves J (2011) Commuication: From Pavlov's Dog to Sound Branding. Oak Tree Press, Cork

Horizont (2015) Volkswagen schafft seinen Werbeclaim. https://www.horizont.net/marketing/nachrichten/Das-Auto-war-einmal-Volkswagen-schafft-seinen-Werbeclaim-ab-138017. Zugegriffen: 11. Juni 2021

Hyundai (2021) Hyundai motor reports 2020 global sales. https://www.hyundai.com/worldwide/en/company/newsroom/hyundai-motor-reports-2020-global-sales-and-2021-goals-0000016607. Zugegriffen: 02. Mai 2021

Intel (2009) „Sponsors of Tomorrow". http://www.intel.com/pressroom/archive/releases/2009/20090506corp.htm. Zugegriffen: 03. Mai 2021

Interbrand (2020) Best Global Brands 2020. https://interbrand.com/best-global-brands. Zugegriffen: 02. Mai 2021

Keller KL, Aperia T, Georgson M (2011) Strategic brand management: a European perspective. Financial Times/Prentice Hall, Harlow

Kusatz H, Wodrich A, Ludwig S (2016) Wiener linien sound branding – Ein ganzheitlicher Ansatz zur akustischen Kommunikation im ÖPNV. In: Bronner K, Hirt R (Hrsg) Audio branding. Entwicklung, Anwendung, Wirkung akustischer Identitäten in Werbung, Medien und Gesellschaft, 3 Aufl. Nomos, Baden-Baden, S 263–269

Lindstrom M (2005) Brand sense. How to build powerful brands through touch, taste, smell, sight, and sound, Free Press, New York

Music Thing (2005) Tiny music makers: Pt. 1: the „Intel Inside" chimes. http://musicthing.blogspot.com/2005/05/tiny-music-makers-pt-1-intel-inside.html. Zugegriffen: 03. Mai 2021

Oswald N, Schmidt T (2014) Akustische Markenkommunikation bei der Deutschen Telekom. In: Kilian K (Hrsg) Multisensuale Markenkommunikation – Grundlagen – Innovative Ansätze – Praktische Umsetzungen. Springer Fachmedien, Wiesbaden, S 213–219

Raffaseder H (2007): Klangmarken und Markenklänge: Die Bedeutung der Klangfarbe im Audio Branding. In: Bronner K/Hirt R (Hrsg.): Audio Branding. Entwicklung, Anwendung, Wirkung akustischer Identitäten in Werbung, Medien und Gesellschaft, München: Reinhard Fischer, S 102–117

Red Dot (2017) Hyundai sound branding (Red Dot award: communication design). http://red-dot.de/cd/de/online-exhibition/work/?code=17-01657&y=2017. Zugegriffen: 03. Mai 2021
Reidel M (2010) Der Sound von Audi. Horizont, Nr. 18, 06. Mai, S 14.
Reidel M (2017) Hyundai schlägt neue Töne an (Horizont). http://www.horizont.net/marketing/nachrichten/Sound-Branding-Hyundai-schlaegt-neue-Toene-an-146369. Zugegriffen: 04. Mai 2021
Saura A (2013) „Tone poems.: New nokia sounds have arrived". http://conversations.nokia.com/2013/07/18/tone-poems-new-nokia-sounds-have-arrived/. Zugegriffen: 04. Mai 2021
Schafer RM (1977) The soundscape. Destiny Books, Rochester, Our sonic environment and the tuning of the world
Siemens (2017) Siemens Lookbook Brand Sound, Bd 13, 21. Sep
Sound Strategy (2013) Der Klang der Wiener Linien. http://sound-strategy.com/wp-content/uploads/2013/11/151210-Der-Klang-der-WL.pdf. Zugegriffen: 05. Mai 2021
Spehr G (2007) Audio-branding – alles neu? In: Bronner K, Hirt R (Hrsg) Audio branding. Entwicklung, Anwendung, Wirkung akustischer Identitäten in Werbung, Medien und Gesellschaft. Reinhard Fischer, München, S 32–39
Steiner P (2014) Sound branding. Grundlagen der akustischen Markenführung, 2 Aufl. Gabler, Wiesbaden
Steiner P (2018) Sound branding. Grundlagen akustischer Markenführung, 3 Aufl. Springer Gabler, Wiesbaden
Werzowa W (2010) It is not what we say but how we say it. In: Bronner K, Hirt R, Ringe C (Hrsg) Audio Branding Academy Yearbook 2009/2010. Nomos, Baden-Baden, S 79–88
Wiener Linien (2021) Die Wiener Öffis in Zahlen. https://www.wienerlinien.at/web/wiener-linien/die-wiener-%C3%96ffis-in-zahlen. Zugegriffen: 02. Mai 2021
Why Do Birds (2017a) The hyundai audio branding. www.whydobirds.de/audio-branding/hyundai-corporate-sound. Zugegriffen: 02. Mai 2021
Why Do Birds (2017b) URL 73: Siemens brand sound. https://www.whydobirds.de/audio-branding/siemens-audio-branding. Zugegriffen: 7. Dez. 2017
Wüsthoff K (1999) Die Rolle der Musik in der Film-, Funk- und Fernsehwerbung, 2 Aufl. Merseburger, Kassel

5

Fazit und Ausblick

Zusammenfassung Es wird immer schwieriger Markenprodukte über Qualität und Produkteigenschaften zu differenzieren. Da Marken in einem regelrechten Kommunikationswettbewerb gegeneinander antreten, erfolgt Markendifferenzierung vermehrt über die Kommunikation. Die emotionale und erlebnisorientierte Differenzierung wird auf gesättigten Märkten mit ihren qualitativ austauschbaren Produkten zum entscheidenden Erfolgsmerkmal.

Es wird immer schwieriger Markenprodukte über Qualität und Produkteigenschaften zu differenzieren. Da Marken in einem regelrechten Kommunikationswettbewerb gegeneinander antreten, erfolgt Markendifferenzierung vermehrt über die Kommunikation. Die emotionale und erlebnisorientierte Differenzierung wird auf gesättigten Märkten mit ihren qualitativ austauschbaren Produkten zum entscheidenden Erfolgsmerkmal.

Unternehmen stehen vor der Herausforderung, ihre Markenwerte durch möglichst viele Sinne gezielt zu vermitteln, um sich von der Konkurrenz explizit abzuheben und Konsumenten langfristig an ihre Marke zu binden. Das hat Gültigkeit für alle Sinnesebenen, die Markenzeichen senden können, von der Akustik bis hin zur Haptik. Sound Marketing, d. h. die gezielte Verwendung akustischer Reize in der Kommunikation, gewinnt in den letzten Jahren zunehmend an Bedeutung, da der Nutzen daraus für Unternehmen immer besser verstanden wird.

Akustische Reize werden u. a. seit rund 50 Jahren gezielt als Mittel zur Unterstützung von Werbebotschaften eingesetzt. Dies liegt u. a. darin begründet, dass der akustische Wahrnehmungskanal besonders effizient ist, da Menschen von sich aus eine sehr hohe Affinität für emotionales und assoziatives Involvement gegenüber Musiken und Klängen aufweisen. Vielfach wurde nachgewiesen, dass das Ohr im „Orchester der Sinne" eine besondere, integrierende Funktion einnimmt.

Quer durch alle Branchen finden sich Beispiele bekannter Marken, die Sound Marketing erfolgreich einsetzen, wie u. a. Audi, Deutsche Telekom, Hyundai, Intel, Lufthansa, Nokia, Siemens und die Wiener Linien. Sound Marketing bietet Unternehmen die Möglichkeit die emotionale Aufladung der Marke und deren Identität zu stärken, eine schnellere Markenkonditionierung und somit eine höhere Werbe- und Medieneffizienz zu erreichen und die Alleinstellung der Marke gegenüber Mitbewerbern zu unterstützen.

Abhängig davon, ob Sound Marketing auf ein Unternehmen (corporation) oder eine Marke (brand) angewendet wird, spricht man von Corporate Sound bzw. Brand Sound. Hingegen wird das Resultat der bewussten akustischen Gestaltung eines Produktes (z. B. Menüführung von technischen Geräten, Klang des Fahrzeugmotors) als Product Sound bezeichnet.

Grundsätzlich können durch Sound Marketing alle Marken gestärkt werden, wobei es hier genau zu analysieren gilt, in welchen Medien die Marke (akustisch) kommuniziert werden soll. Unternehmen, die ihre Marke(n) akustisch führen möchten, bietet sich ein breites Spektrum an Brand Sounds, welches vom Sound Logo über Jingle, Brand Song, Brand Voice, Brand Music, Soundscape bis zum Sound Icon reicht.

Letztlich haben die unterschiedlichen Sound Marketing Elemente die gleiche Funktion, nämlich die Marke an allen Kontaktpunkten mit der Zielgruppe, sogenannte Brand Touch Points, einheitlich akustisch zu repräsentieren und somit u. a. die Wiedererkennung der Marke zu steigern und ein zusätzliches Differenzierungsmerkmal zu schaffen.

5 Fazit und Ausblick

Dabei funktionieren einige Brand Touch Points ausschließlich auf akustischer Ebene, wie Radio und Telefon. Da die unterschiedlichen Kontaktpunkte mit der Marke nicht für jede Zielgruppe relevant sind, müssen diese markenspezifisch analysiert werden. Abhängig vom jeweiligen Brand Touch Point können unterschiedliche Sound Marketing Elemente zum Einsatz kommen.

Die Grundlage für den akustischen Markenauftritt bildet die akustische Markenidentität, die als Basis für die Ableitung verschiedener Sound Marketing Elemente dient. Dazu werden akustische Gestaltungsparameter wie Lautstärke, Klangfarbe, Harmonie und Rhythmus definiert, um die Identität der Marke mittels Töne bzw. Klänge und/oder Geräusche hörbar zu machen. Außerdem fungiert die akustische Markenidentität als Leitlinie und Orientierung für das akustische Produktdesign.

Das Konzept der akustischen Markenführung, dem die identitätsbasierte Markenführung als Basis dient, umfasst einen strukturierten objektivierten mittel- bis langfristigen Prozess zur akustischen Übersetzung der Identität einer Marke. Im Rahmen dieses Prozesses soll, idealerweise mithilfe einer Sound Marketing Agentur, ein konsistenter akustischer Markenauftritt entwickelt werden, der unterschiedliche Ausprägungsformen akustischer Markenelemente beinhalten kann.

Sound Marketing darf nicht als isolierter Ansatz interpretiert werden, sondern muss integraler Bestandteil des Markenmanagements sein. Folglich muss sich die akustische Identität inhaltlich und formal im Einklang mit der gesamten sinnlichen Identität der Marke befinden. Entscheidend ist, dass diese Maßnahmen zur Marke passen („Marken-Fit") und ein kohärentes Markenbild ergeben. Die Verwendung eines Sound Marketing Elements, das nicht zur Marke passt bzw. Assoziationen zur Konkurrenzmarke hervorruft oder zu aufdringlich in der Markenkommunikation eingesetzt wird, kann eine negative Wirkung auf die Marke haben. Ein möglicher negativer Effekt kann sich in Form einer durch Irritation oder Reaktanz bedingten Abwehrhaltung des Konsumenten gegenüber der akustischen Markenkommunikation äußern.

Markenformen bestimmen die unterschiedlichen Wirkungsarten von Marken als Kommunikationszeichen auf die menschlichen Sinnesorgane. Marken können sowohl den visuellen, den auditiven, den olfaktorischen, den gustatorischen als auch den haptischen Sinn ansprechen. Dabei besitzen die eintragungsfähigen Marken sehr unterschiedliche Formen. Die Klangmarke ist eine von 14 unterschiedlichen Markenformen, die im Deutschen Patent und Markenamt (DPMA) registriert werden kann. Durch das in 2019 in Kraft getretene Markenrechtsmodernisierungsgesetz (MaMoG) kam es zu bedeutsamen Änderungen im Markengesetz und in der Markenverordnung. Eine bedeutsame Änderung ist der Wegfall der grafischen Darstellbarkeit von Markenformen. So können – Schutzfähigkeit vorausgesetzt – beispielsweise geräuschhafte Klangmarken (ehemalig Hörmarken) oder Multimediamarken in den vorgesehenen elektronischen Formaten sowie sonstige Markenformen eingetragen werden.

Analysiert man die Anzahl der Registrierungen der unterschiedlich klassifizierten Markenformen in Deutschland, Österreich, der Schweiz und im EUIPO, so kann festgehalten werden, dass Wortmarken, Wort-/Bildmarken und Bildmarken mit Abstand den größten Anteil daran ausmachen. Somit sprechen die eingetragenen Markenformen überwiegend den visuellen Sinn an. Die restlichen Markenformen spielen im Vergleich (noch) eine untergeordnete Rolle, wobei auf 3D-Marken, Klangmarken und Farbmarken die meisten Eintragungen entfallen. Markenformen, die den Geruchssinn oder Geschmackssinn ansprechen, können derzeit nur als „Sonstige Marke" in das Markenregister eingetragen werden.

Das Markenrecht befindet sich stets im Wandel und wird durch die Markenanmeldungen und durch die Entscheidungen der Gerichte ständig verändert und angepasst. Markeninhaber haben in den letzten Jahren große Anstrengungen unternommen, um ihre innovativen Markenformen in das Markenregister eintragen zu lassen. Diese Anmeldungen bzw. Registrierungen neuer Markenformen als auch das in 2019 in Kraft getretene MaMoG lassen hoffen, dass auch in Zukunft neue Markenformen zur Eintragung zugelassen werden und so den Bedürfnissen des Marktes nach modernen Markenformen Rechnung getragen wird. Der Wegfall der vormals notwendigen grafischen Darstellbarkeit von Markenformen erleichtert die Markenanmeldungen und orientiert sich an den technischen Möglichkeiten zur Darstellung einer Marke im elektronischen Register. Die Gestaltungsoptionen für kurze, prägnante Tonfolgen sind nicht unerschöpflich und somit wird es immer schwieriger werden, Brand Sounds zu kreieren, die das Potenzial haben, die Wiedererkennung der Marke zu steigern und ein zusätzliches Differenzierungsmerkmal zu schaffen. Folglich bedarf es eines verantwortungsbewussten Umgangs mit Markenklang im Rahmen der Markenführung, wobei Verantwortung auch manchmal „Mut zur Stille" bedeuten kann. Es bleibt zu hoffen, dass es zukünftig nicht zu einem unkontrollierten Einsatz von Sound Logos und anderen Sound Marketing Elementen kommt, denn dann würde die akustische Markenführung, die auf Wiedererkennung durch Wiederholung basiert, ihre Wirkung verlieren.

„Es wird sicherlich einmal ‚eng' werden, wenn uns die Noten ausgehen. Zudem verliert Sound Branding seine Wirkung, wenn es zu oft eingesetzt wird. Es wirkt, so lange es eine gewisse Einzigartigkeit hat. Es darf nicht zu einem Massenprodukt werden. […] Es gilt, wie auch in allen anderen Bereichen: Eine Übersättigung ist nie gut. Jedoch sind wir von diesem Punkt noch weit entfernt" (Steiner 2018), resümiert Werzowa.

Literatur

Steiner, P. (2018): Sound Branding. Grundlagen akustischer Markenführung, 3. Auflage, Wiesbaden: Springer Gabler.

6

Experteninterviews

> **Experteninterview 1**
> Prof. Dr. Charles Spence.
> Crossmodal Research Laboratory.
> Department of Experimental Psychology.
> University of Oxford.

Steiner
What is your understanding of sound branding?

Spence
Sound branding involves everything from the sound of the product or packaging, through to the sound of online or telephone communications. Pretty much everything we do makes noise, and those noises help the brain to infer what is out there. Hence, I believe that there is really great potential in many areas for enhanced sonic branding, especially in the era of voice-activated devices.

Steiner
When have you been confronted with sound branding for the first time?

Spence
I first got involved in the sonic aspects of design while working on a project with Unilever around 2002 looking at the effects of varying the sound that potato chips (or crisps) made when consumers bit into them. Our results showed that you could make crisps 15 % crunchier and fresher simply by changing the crunching sound that consumers heard when they bit into a crisp. This research was published in the Journal of Sensory Studies in 2004. This started my long-term interest in the role of sound in product perception. In 2008, Max Zampini and I were awarded the IG Nobel prize for Nutrition for this work, and I have been living off the publicity ever since.

It turns out that pretty much every product that we interact with makes a sound and that sound provides our brains with information concerning the qualities and attributes of the product. Most consumers are blissfully unaware of this fact, and yet well-controlled experimental research can help to demonstrate just how important a cue sound really is.

Steiner
Please tell me something about one of your studies/surveys that you are particularly proud of.

Spence
Well, certainly winning the IG Nobel prize for our sonic design work has been great, but in terms of worldwide publicity it has resulted in, but also because of all the other sonic projects that it has led to subsequently.

Very often one is asked to point to a product on the shelf that is there, at least in part, because of the neuroscience-inspired multisensory design approach that we developed here in Oxford. In this regard, it is great to see the Lynx (Axe) deodorant can on shelves all over the world, and to know that it sounds the way that it does, in part, because of research carried out here at the Crossmodal research Laboratory in Oxford.

One other project that I am very proud of, but which eventually could not be protected by our funders, Toyota, related to our findings showing that driving can be made significantly safer by presenting warning sounds from just behind a driver's head. Now this is something that is not at all intuitive to engineers and designers, even those working for the world's most successful car companies, and yet there is a great neuroscience story behind the special brain circuits that only care about the things going on just behind our heads.

Steiner
What are the benefits of sound branding for companies and consumers?

Spence
The benefits for companies is that sound branding offers another means of distinguishing themselves from the competition in the mind of the consumer. At the simplest level, sound branding is just another potential touch point with the consumer. Everyone thinks about the visual aspects of branding, but too few companies take sufficient care of the auditory aspects of branding. As a result, there are some big gains to be made for a relatively small investment. Just take retail shopping – I work with some of the world's biggest brands and they will happily spend a million dollars on revamping the lighting in their flagship store, say, but typically ignore the auditory atmosphere. The thing is you only get what you pay for in terms of lighting in store. That means you are probably going to have to pay a million dollars if you want your store to look a million dollars. By contrast, the gains from taking care of the auditory atmospherics are potentially much cheaper. Hence, auditory branding in retail offers a particularly efficient means of spending one's money, and differentiating oneself from the opposition.

For consumers, I guess the benefits are in terms of enhanced product experience (take the Lynx can mentioned above), or the increased sense of engagement the consumer gets when all aspects of the multisensory atmospherics are congruent, say. So, for example, in 2013, we just completed a project with a sonic design company, and an Augmented Reality company showing how much more engaging consumers find the experience of trying on clothes virtually if you add in the appropriate fabric sounds whenever the customer moves in front of the screen.

However, here it is also important to note that sonic design is not just about adding sound, and/or improving the quality of the sound. It can also be equally important to think about how to reduce the unwanted noise. Just think of all those diners complaining about restaurants that are so noisy that they cannot hear what anyone else on the table is saying, let alone the waiter or waitress.

One other way in which the neuroscience-inspired multisensory approach to sonic design can help is in terms of generating media exposure. Just take 'the sound of the sea' seafood dish served at The Fat Duck restaurant in Bray. This has been the signature dish in one of world's top restaurants for more than a years. What it has done for sales I can't say, but in terms of generating press stories about how technology (in this case a miniature iPod) can change, and enhance, the dining experience it has been huge.

Steiner
What are the key success factors for sound branding?

Spence
I would say in our research we always try to combine two elements. While a company can certainly go a long way simply by developing a signature sound for their brand (think only of the Snapple pop, when you open a bottle of the soft drink), I would say the key is to combine a signature sound with a functional benefit in terms of the product or brand experience. Look for sonic design that enables you to distinguish yourself from the opposition, but which also enhances the consumer's experience of your product or service (that is, a sound that conveys a functional benefit. It isn't always possible, but when you have both elements I really believe that it is a recipe for long-term success.

Steiner
Which company/brand do you consider as benchmark in the area of sound branding?

Spence
The big drinks brands such as Diageo, Pernod-Ricard, InBev, and Guinness have been engaged in some really innovative projects on sonic design, often with a multisensory twist, and very often harnessing the ubiquitous technology. Where the drinks brands led, many others have now started to follow.

Steiner
Are there any specific industries where sound branding is preferably applied?

Spence
Obviously there is a long history of sound design in the automotive sector, everything from the reassuring thud when the car door is closed through the distinctive engine sounds of the premier marques. In a way, much of what we do is taking many of the design principles and approaches that have been perfected over the years in the automotive sector and apply them to aerosol can design, to the enhanced design of the sound of crisp packets, to the sound of the fridge door, or vending machine etc....

Steiner
Which limitations and risks do we have to keep in mind when designing sound logos, soundscapes etc.?

Spence
Well, the Sun Chip fiasco from a decade or so ago tells you all you need to know about the potential dangers of sonic design. Frito Lay came out with a crisp packet that made over 100 dB of noise when you picked it up and rattled it. So loud that consumers complained. So loud that the company had to go online and offer consumers earplugs to put in before eating their crisps. So loud that the company was eventually forced to withdraw this novel biodegradable packaging from the shelves. No doubt it must have seemed like a good idea at the time. Indeed, a few years ago, we conducted some research showing that people rate crisps

as around 5 % crunchier if they hear the sound of a crunchy crisp packet being rattled in the background while they eat crisps.

The other danger that I come up against a lot relates to the fact that we are all visually dominant creatures. And brand managers are no exception. Hence, trying to convince them to spend their marketing or product development dollar on audition is always going to be a harder sell that convincing them to change the colour scheme say.

Steiner
How do you see the future of sound branding?

Spence
Promising but challenging. I still run into far too many companies who can see the logic of multisensory design, but when it comes times to spend the marketing or product innovation dollar on sonic design they lose their nerve and end up doing just what they have always been doing, namely modifying the visual design of their product, brand, or service.

Thank you very much for the interview!
May 20, 2021.

> **Experteninterview 2**
>
> Walter Werzowa.
>   Musiker, Komponist, Produzent und Dozent.
>   Musikvergnuegen, Hollywood.

Steiner
Was verstehen Sie unter Sound Branding?

Werzowa
Sound Branding ist eine neue Form von Audio Identity – ein unterbewusstes Identity-Branding von Unternehmen.

Steiner
Wann sind Sie das erste Mal mit Sound Branding in Berührung gekommen?

Werzowa
Passiv bin ich das erste Mal mit Sound Branding in Berührung gekommen, als das Produkt Duracell beworben wurde. Meines Wissens war Duracell eines der ersten Produkte, welches Sound Branding international im großen Maße eingesetzt hat. Der Unterschied im Sonic Branding, zwischen den Mnemonics, auf denen sich Sound Branding aktuell sehr spezialisiert hat, und den Jingles ist ja vehement. Die Unternehmen Coca-Cola, Pepsi oder McDonalds haben ja schon vor langem damit begonnen, mittels Jingles eine eigene Identität für das Unternehmen aufzubauen. Der Research hat gezeigt, dass ein Sound Branding mit Mnemonics viel tiefer geht und um einiges flexibler ist.

Außerdem ermöglicht es den Unterschied zwischen Product und Masterbrand. Die meisten Werbespots in den 1980er und 1990er Jahren waren hauptsächlich produktbezogen. So hat McDonalds früher beispielsweise den Fishburger beworben und weniger die Marke McDonalds. Mit dem Sound Branding kann man nun den Masterbrand bewerben, also die übergeordnete Marke (Dachmarke). Bei Intel war es ein sehr schwieriges Unterfangen, ein geeignetes Sound Branding zu kreieren, da man ja das Produkt nicht sehen und folglich auch nicht wie Coca-Cola oder McDonalds genießen und einen direkten Zusammenhang spüren oder merken kann. Intel-Prozessoren sind ja versteckt und somit für die Kunden nicht zu sehen. Dadurch hat das Unternehmen auch die ersten 5–6 Jahre das Produkt beworben, wie z. B. den Pentium oder den Centrino. Erst jetzt hat Intel umgestellt um den Masterbrand zu bewerben. Das Sound Branding stellt nun die Marke Intel dar und nicht ein einzelnes Produkt.

Steiner
Laut meiner Recherche zeichnet sich in Europa immer mehr der Trend ab, dass sich der Begriff Sound Branding gegenüber all den anderen Ausdrücken wie Audio Branding, Acoustic Branding oder Sonic

Branding durchsetzen wird. Wie lautet eigentlich der gängigste Begriff in den USA?

Werzowa
In den USA wird diesbezüglich wild durcheinander gewürfelt. Es gibt so viele Ausdrücke wie z. B. Signation, Tag, Mnemonic, Audio Signature, Sonic Branding, Audio Branding und Sound Branding. Alle Begriffe gehen jedoch im Prinzip in die gleiche Richtung. Ich persönlich habe keinen Favoriten unter den genannten Begriffen. Bei Suchmaschinen geben wir daher alle gängigen Begriffe ein. Ich musste jedoch feststellen, dass die wenigsten Menschen den Begriff Mnemonic kennen, der eigentlich am besten beschreibt was es ist. Viele verwenden auch den Ausdruck Signation, der jedoch einen weiteren Begriff impliziert, da damit auch ein Network Signature Sound gemeint ist. Ich hoffe, dass dieser Verwirrung rund um diese Begriffe ein Ende bereitet wird und sich demnächst eine allgemeingültige Terminologie auf diesem Gebiet durchsetzt.

Steiner
Bitte erzählen Sie mir doch etwas über ein aktuelles Projekt an dem Sie beteiligt waren oder eines, das Ihnen gut in Erinnerung geblieben ist.

Werzowa
Ganz aktuell habe ich an einem Wim Wenders-Movie gearbeitet. Was Arbeiten rund um die akustische Markenkommunikation betrifft, konnten wir vor kurzem das Sound Branding für das Unternehmen LG abschließen. Wir werden diesbezüglich oft in letzter Instanz angerufen. Da wir akustische Markenkommunikationen u. a. für Samsung, Intel oder LG realisiert haben, sind wir, damit meine ich mein Unternehmen Musikvergnuegen, die Nummer Eins in Sachen Sound Branding bezüglich Broadcast und Werbung. Dabei haben wir den Firmen ziemlich hohe Budgets entnötigt, damit mit uns gearbeitet wird. Nun versuchen oft Unternehmen mit kleineren, kostengünstigeren Sound Branding-Spezialisten zu arbeiten, kommen jedoch oft in letzter Minute zu uns zurück. Was uns von vielen anderen Firmen unterscheidet ist, dass wir sehr konzeptionell arbeiten. Man muss das Sound Branding immer

für den richtigen Zweck umsetzen. Jede Arbeit ist anders, da auch jede Firma anders ist. Es gibt diesbezüglich kein Einheits-Rezept. Man muss sich wirklich darauf einstellen können was der Kunde will bzw. wo sich das Unternehmen in einigen Jahren sieht. Ich finde, dass Sound Branding eine Kurzerzählung bzw. ein Trailer des Unternehmens ist.

Steiner
Wer ist generell neben Ihnen am Prozess der Entwicklung von Sound Branding-Elementen beteiligt?

Werzowa
Mein Unternehmen Musikvergnuegen beschäftigt Komponisten, Produzenten, Tontechniker, Sound Designer als auch Freelancer. Wir sitzen oft zusammen, um uns gegenseitig inspirieren zu lassen und folglich Ideen zu finden. Wir beziehen auch gern unsere Kunden direkt in diesen Prozess mit ein.

Steiner
Wer war neben Ihnen am Prozess der Entwicklung des Intel Sound Logos beteiligt?

Werzowa
Damals war ich ein Ein-Mann Betrieb. Ich habe das Sound Logo für Intel ganz alleine kreiert.

Steiner
Worin liegt der Nutzen von akustischer Markenführung für Unternehmen?

Werzowa
Es wird immer wichtiger. Durch Internet wird ja die Welt immer kleiner und alles jederzeit möglich. Da es „draußen" in der Medienwirtschaft „sehr laut" ist, brauchen vor allem internationale große Firmen eine sehr prägnante und eindeutige Kennung. Die Japaner haben Sound Branding schon früh erkannt und verwenden es schon seit rund 10 Jahren. Die restliche Welt hat es erst richtig seit ungefähr fünf Jahren

erkannt. Gerade das Mobile Advertising bzw. das Mobile Entertainment macht es für viele Unternehmen immer mehr nötig, ein prägnantes Sound Branding zu haben.

Steiner
Was sind Erfolgsfaktoren für Sound Branding?

Werzowa
Das ist eigentlich ganz einfach. Jede Marke hat sogenannte Brand Attributes oder Brand Adjectives. Auf die wird getestet. Bei Samsung haben wir beispielsweise 94 % Brand Recognition gehabt und das weltweit, da in acht verschiedenen Märkten geprüft wurde – von St.Petersburg bis Mexiko City. In so einem Fall kann man schon von einem erfolgreichen Sound Branding sprechen. Der beste Erfolg ist, wenn die Wiedererkennung gegeben ist und das jeweilige Sound Branding-Element auch dementsprechend oft eingesetzt wird.

Daher ist auch der Media-Buy ein entscheidendes Erfolgskriterium, denn wenn ein Sound Logo nur einmal pro Jahr gespielt wird, so wird dies nicht als Sound Branding wirken. Hier ist Intel weit vorne mit einem riesigen Media-Buy. So wurde allein im letzten Jahr das Intel Sound Logo allein in den Vereinigten Staaten 350.000 Mal geschalten. Da hat dann nicht nur die Melodie selber Wirkung, sondern auch der Media-Buy die Stärke von den Aufführungen.

Steiner
Welche Risiken sind neben den Erfolgsfaktoren zu beachten?

Werzowa
Ein großes Risiko besteht dann, wenn die Verantwortlichen, die Sound Branding umsetzen sollen, den Auftrag nicht verstehen bzw. falsch umsetzen und einfach eine nette Melodie oder ein nettes Geräusch produzieren und letztlich keine Verbindung zwischen dem Unternehmen und dem akustischen Markenauftritt entsteht. Außerdem besteht ein Risiko darin, da es ja nur eine gewisse Anzahl an Intervallen und Tönen gibt, die für unsere Ohren gut und eingängig klingen, dass es irgendwann einmal nur mehr Sound Logos gibt und keine Melodien und dadurch

Verwirrung entstehen könnte. Ich kann mir vorstellen, dass es in 5 bis 10 Jahren schwer wird, neue melodische und diatonische Audio Signations zu kreieren.

Steiner
Welche technischen Voraussetzungen sollten berücksichtigt werden?

Werzowa
Technisch im Sinne von Audio Qualität ist es wichtig, dass Sound Branding-Elemente flexibel eingesetzt werden können. So muss ein Sound Logo sowohl am Telefon als auch auf einem Mono-Speaker eines Laptops oder in einem 5.1 Surround System gut klingen. Auf jeden Fall muss es gemastert und „feingeschliffen" werden. In der Medienlandschaft gibt es unzählige psychoakustische Phänomene, die berücksichtigt werden müssen. Oft werden Sound Logos nur als Single-Identity angesehen, bearbeitet und benotet, aber das Wichtige ist ja, dass es in einer gewissen Umwelt leben muss. Beispielsweise könnte in der Werbung ein Beatles-Song und danach Beethoven gespielt werden und nun muss man eben aufpassen, dass sich das eigene Sound Logo zwischen diesen Songs auch behaupten kann. Dazu bedarf es meiner Meinung nach genügend Erfahrung, um dies in seiner Sound Branding Konzeption auch erfolgreich zu berücksichtigen und umzusetzen.

Steiner
Wie hat sich eigentlich das Intel Sound Logo seit seinem Bestehen Anfang der 1990er Jahre verändert?

Werzowa
Das Intel Sound Logo wurde von uns alle paar Jahre ein wenig neu bearbeitet. Es hat sich nie wirklich melodisch verändert, jedoch wurde es bezüglich des Sounds, der Komplexität, des Arrangements und der Orchestrierung immer mehr an die Zeit angepasst.

Vor zwei Jahren war bei Intel der große Sprung vom Productbrand zum Masterbrand. Somit wurde auch das Denken von Intel, welches „kalt" und technisch war, auch insofern geändert, in dem man versucht hat in den „living room" hineinzukommen. Es werden nicht nur mehr die Großfirmen angesprochen, sondern auch die Hausfrauen und Studenten. Man wollte somit einen weiteren Markt ansprechen. Folglich musste sich auch der Sound ändern und „wärmer" werden, um so der neu beworbenen Zielgruppe den Zugang zu den Produkten zu erleichtern.

Steiner
Wie viele Versionen bestehen insgesamt vom Intel Sound Logo?

Werzowa
Wir haben das Sound Logo bestimmt schon 7 bis 8 Mal verändert. Intel ist aber in der Verwendung des Sound Logos sehr genau, in dem u. a. in den TV-Werbespots jeweils immer nur eines zum Einsatz gelangt. Wenn ein neues Sound Logo etabliert wird, so wird alles andere zurückgezogen. Es sollte also nicht sein, dass mehrere Generationen von Sound Logos zur gleichen Zeit gesendet werden.

Steiner
Wie sieht im Speziellen der Einsatz von Sound Logos in den Medien Fernsehen, Radio und Internet aus? Gibt es zwischen diesen Medien Unterschiede?

Werzowa
Meiner Meinung nach wäre es ein großer Fehler ein Sound Branding für die verschiedenen Medien zu verändern. Es muss stark genug sein, dass es sich in allen Medien gleich durchsetzt und gleich klingt. Wenn ein Sound Logo im Radio anders klingen würde als im Internet oder im TV, dann gibt es ja keine Brand Identity bzw. Brand Recognition mehr. Bei internationalen Firmen raten wir immer, dass nur ein File abgegeben wird. Wenn man beispielsweise ein Sound Logo nur für Radio oder Internet optimiert, so besteht die Chance, dass man das falsche File im falschen Medium spielt. Selbst bei Intel gibt es vom Sound Logo nur ein File, welches für alle Zwecke optimiert wurde und nur im Stereo-Format vorliegt.

Steiner
Wie sieht der Einsatz von Sound Branding in der Kinowerbung aus?

Werzowa
Kinowerbungen sind ein spezieller Fall. Trailer werden in den meisten Kinos noch immer Mono ausgestrahlt. Dadurch klingen sie leiser und anders. Der Grund warum der Kinovorhang aufgeht, Kinowerbung und Trailer gespielt werden, der Kinovorhang wieder zugeht und erst danach der Kinovorhang wieder aufgeht und der Kinofilm gestartet wird, liegt darin, dass ein anderes Soundsystem für Werbung und Trailer verwendet wird als für den Kinofilm, der meistens in 5.1 oder 7.1 Surround Sound abgespielt wird. Die Werbung an und für sich wird also nicht extra abgemischt, selbst im HD-TV ist es immer noch ein Stereo-File.

Steiner
Welchen Stellenwert wird der akustischen Markenkommunikation in den einzelnen Ländern Ihrer Meinung nach eingeräumt?

Werzowa
In den USA wird der akustischen Markenkommunikation ein sehr hoher Stellenwert eingeräumt. In Japan wird Sound Branding schon seit langem praktiziert. Interessant wird sein, wie sich der Markt diesbezüglich in China entwickeln wird. Es scheint, dass sich China, was Werbung anbelangt, sehr an den USA und Japan orientiert.

Steiner
Kann man in den USA das Verhältnis zwischen der akustischen Markenkommunikation und dem Visual Branding beziffern?

Werzowa
Gefühlsmäßig würde ich das Verhältnis mit 1:3 beziffern. Ob die akustische Markenkommunikation mit den Visuals gleichziehen oder diese sogar überholen wird, ist abhängig von technischen Entwicklungen. Dabei wird die weitere Entwicklung von iTunes eine große Rolle spielen. Auch Product Placement in Visual Content wird immer stärker, wobei sogar schon im Gaming-Bereich Produkte bewusst platziert

werden. Es wird immer mehr versucht für Firmen in allen Medien zu werben. Generell ist festzustellen, dass Werbung immer mehr in Content inkludiert wird. Beispielsweise kosten herunterzuladende TV-Shows ohne Werbung mehr als mit Werbung. Ob Sound Branding in Zukunft mit den Visuals gleichgestellt wird kann ich nicht sagen. Ich glaube jedoch nicht, dass sich jemand Songs herunterladen will, in denen Sound Logos integriert sind.

Steiner
Welche Fehlerquellen und Konflikte kommen bei der akustischen Markenkommunikation am häufigsten vor und wie können diese gelöst werden?

Werzowa
Ein großer Fehler liegt in der Bewertung von Sound Branding-Elementen. So bewerten Firmen, Agenturen und Branding-Companies Sound Logos in den verschiedenen Meetings komplett isoliert. Ein Sound Branding wirkt dann, wenn es unterbewusst arbeitet. Man sollte es eigentlich nicht bewusst bemerken. Wenn man sich nun im Meeting wenige Sekunden auf das Sound Logo konzentriert und Dinge hineinprojiziert, so kann es bei den Akteuren nicht unterbewusst wirken. Somit kann in der Bewertung von Sound Branding-Elementen eine große Fehlerquelle liegen. Daher praktizieren wir es bei Präsentationen so, dass Sound Logos mithilfe des alltäglichen Effektes und der erwünschten Wirkung bewertet werden. Das ist der Unterschied zwischen „hearing" und „listening". „If you hear a Mnemonic then it works, if you listen to it then it might not work".

Steiner
Beim „United States Patent and Trademark Office" sind aktuell (Stand August 2008) rund 101 Hörmarken registriert. Im Vergleich dazu sind es in Deutschland insgesamt 205 Hörmarken. Wie erklären Sie sich diesen relativ großen Unterschied in Eintragungen zwischen diesen beiden Ländern?

Werzowa

In diesem Kontext ist der Unterschied im Rechtssystem und in der Abrechnung zwischen den USA und Europa zu bemerken. In Europa werden die Dinge anders abgegolten als in den Vereinigten Staaten. Während man in den USA sehr viel Geld für die Entwicklung bekommt, jedoch anschließend wenig an Tantiemen, ist es in Deutschland genau umgekehrt. Generell sind die Komponisten dafür verantwortlich, dass Hörmarken angemeldet und registriert werden, um Tantiemen zu erhalten.

Steiner

Im Zuge meiner Recherche habe ich gelesen, dass Sie beim Intel Sound Logo alle Rechte an das Unternehmen abgetreten haben. Im Gegensatz zu Europa ist ja in den USA das Urheberrecht übertragbar. Wie handhaben Sie das seit dem Intel Sound Logo und wie sieht in den USA die übliche Praxis dazu aus?

Werzowa

In den USA sind rechtlich andere Dinge möglich als in Europa. Im Großen und Ganzen hält es sich aber vermutlich die Waage. Es ist von Fall zu Fall verschieden. Auch in den USA verändert sich die Denkweise, denn es wird immer mehr lizenziert und nicht verkauft oder gekauft. In den letzten Jahren findet in allen Bereichen ein großer Umbruch statt. Dadurch, dass alles international und nicht national oder regional behandelt wird, kommt es auch zu einer Veränderung der Verträge. Ich werde in der letzten Zeit immer mehr angefragt und es scheint, als ob der Markt immer größer und stärker werden würde.

Steiner

Wie sehen Sie die Zukunft der akustischen Markenkommunikation?

Werzowa

Es wird sicherlich einmal „eng" werden, wenn uns die Noten ausgehen. Sound Branding verliert seine Wirkung, wenn es zu oft eingesetzt wird. Es wirkt, so lange es eine gewisse Einzigartigkeit hat. Es darf nicht zu einem Massenprodukt werden. Wenn jedes regionale

Pizza-Unternehmen sein eigenes Sound Logo hat, so wird die Wirkung von Sound Branding nicht mehr so stark sein. Es gilt, wie auch in allen anderen Bereichen: Eine Übersättigung ist nie gut. Jedoch sind wir von diesem Punkt noch weit entfernt.
Ich bedanke mich für das Interview!
28.08.2008.

> **Experteninterview 3**
> Alexander Wodrich.
> Geschäftsführer.
> Why Do Birds, Berlin.

Steiner
Was verstehen Sie unter Sound Branding?

Wodrich
Beim Sound Branding wird die Markenidentität mithilfe eines strategischen Prozesses in Klang übersetzt. Ziel ist die eindeutige, klangliche Positionierung einer Marke, die Stärkung ihrer Wiedererkennung und ihre Differenzierung gegenüber dem Wettbewerb. Ein konsequenter, konsistenter und kontinuierlicher Einsatz eines Markenklangs führt zu einer höheren Mediaeffizienz.

Steiner
Wann sind Sie das erste Mal mit Sound Branding in Berührung gekommen?

Wodrich
Bewusst bin ich etwa 2002 mit dem Thema in Berührung gekommen, als MetaDesign – die Agentur bei der ich von 1999 bis 2009 als Berater arbeitete – einen Corporate Sound für Siemens entwickelte.

Steiner
Bitte erzählen Sie mir doch etwas über ein vergangenes Projekt im Bereich Sound Branding, auf das Sie sehr stolz sind. Was war in diesem Projekt das Besondere?

Wodrich
2011 gewannen wir einen Pitch für den französischen Finanzdienstleister AG2R La Mondiale. Anhand des sehr eigenwilligen, visuellen Unternehmensauftritts hatten wir schnell erkannt, dass sie kein 08/15 Versicherer sind. Klanglich verdienten sie mehr als nur Piano und Streichermusik. Unser mutiges und ungewöhnliches Klangkonzept, das auf einem Klatschrhythmus basiert, hat sich als sehr stimmig herausgestellt. Ein red-dot-Award und eine German Design Award Nominierung bestätigten uns dann auch in unserer Herangehensweise.

Steiner
Wer ist neben Ihnen innerhalb oder außerhalb des Unternehmens am Sound Branding-Prozess beteiligt?

Wodrich
Wir sind ein festes Team von 20 Leuten. Es besteht aus Komponisten und Musikproduzenten, Strategen, Grafik- und Motion-Designern und Sound-Softwareentwicklern.

Steiner
Bitte erzählen Sie mir doch etwas über ein Sound Logo, an dessen Entwicklung Sie beteiligt waren.

Wodrich
Seit 2012 arbeiten wir für die Deutsche Bahn. Der Soundprozess begann mit einer Analyse, welche Klänge denn bereits als sehr Bahnspezifisch wahrgenommen werden. Schnell kamen wir zum Bahnsteig-Gong – einem klassischen 2-Ton-Ding-Dong. Dieser ist allgemein bekannt, klingt aber nicht besonders schön. Und das liegt nicht nur an dem mittelmäßigen Lautsprechersystem der Bahnhöfe. Bei der näheren Analyse fiel auf, dass das Tonsprung-Intervall des Ding-Dongs einer

Terz entspricht. Die Töne „D" und „B". Das führte uns zu der Idee, ein Sound-Signet für die DB zu kreieren, dass aus den Tönen D und B besteht. Wir hatten das Ziel den schönsten Gong-Sound der Welt zu schaffen. Die Workshops mit den Markenverantwortlichen ergaben jedoch, dass die Bahn einen dynamischen und sehr rhythmischen Klang suchten, der die rasante Fahrt im ICE mit 300 km/h und die 10.000 PS verkörpert. So entschlossen wir uns zur Entwicklung eines sehr dynamischen Gongs, der modern und bassig klingt und die Töne D und B rhythmisiert: D/B/B/B/B.

Steiner
Worin liegt der Nutzen von akustischer Markenführung für Unternehmen?

Wodrich
Im Kern ist die Definition einer akustischen Ausdrucksweise für jede ernst zu nehmende Markenführung essenziell. Wer heute einen Markenauftritt rein visuell konzipiert hat seine Hausaufgaben nicht gemacht. Marken werden ganzheitlich wahrgenommen und entsprechend kann eine Imagebildung nicht rein visuell geschehen. Und sollte ein Unternehmen nur Werbung in Printmedien produzieren, so gibt es immer noch die vertonten Imagefilme und die Telefonwarteschleifen, die im Einklang mit der Markenpersönlichkeit stehen müssen. Wer Sound Branding als Add-On einer Corporate Identity versteht, dessen Wert und monetärer Nutzen sich 1:1 im Return on Investment nachweisen lassen müssen denkt kurzfristig. Ein gut durchdachtes Markenklangkonzept kann seine Kraft erst langfristig entfalten.

Steiner
Was sind Erfolgsfaktoren für Sound Branding?

Wodrich
Einem guten Markenklang muss ein schlüssiges Konzept zugrunde liegen. Der Sound muss flexibel einsetzbar sein. Sound Branding darf nicht auf ein 3-sekündiges Sound Logo reduziert werden, dass man als Absenderkennung an Spots hängt. Um gelernt zu werden und

erfolgreich zu sein, muss der Klang konsistent, konsequent und kontinuierlich eingesetzt werden. Hierfür benötigen Unternehmen eigentlich einen Klangverantwortlichen, der mit einem Budget ausgestattet ist und für die Einhaltung der definierten Standards steht.

Steiner
Welche gelungenen Beispiele im Bereich akustischer Markenführung fallen Ihnen spontan ein?

Wodrich
Was im visuellen selbstverständlich wirkt – eine Marke wie O2 über 10 Jahre visuell absolut konsistent auftreten zu lassen – ist im akustischen leider nicht üblich. Das Sound Logo wird bei der Telekom seit Jahren als Abbinder an alle Spots gehängt und findet auch seinen Weg in die Warteschleifen. Marken wie die Deutsche Bahn und Siemens haben viel investiert um Styleguides und Sound Libraries für Mitarbeiter und Agenturen zur Verfügung zu stellen. Aber solange das Bewusstsein bei den Mitarbeitern und Dienstleistern nicht durch einen Klangverantwortlichen kontinuierlich aufgebaut wird, kann es nicht zu dauerhaft gelungenen, akustischen Markenauftritten kommen. Die Nase vorn haben da sicherlich Radio-Stationen, die gekonnt ihre Station-IDs erarbeiten lassen und verschiedenste Jingle-Pakete konsequent einsetzen und weiterentwickeln.

Steiner
Gibt es Branchen, in denen Sound Branding bevorzugt eingesetzt wird?

Wodrich
Mittlerweile gibt es in fast allen Branchen Sound Branding. Die Autobranche ist recht weit vorn. Sehr bekannt sind die Soundlogos von Audi und BMW. Audi nutzt sein Soundlogo seit 1994 und hat so eine Ikone geschaffen. 2019 hat Volkswagen ein globales Soundlogo eingeführt. Und wir bei why do birds haben einen ganzheitlichen Sound inklusive Soundlogo für Hyundai entwickelt, der seit 2016 weltweit konsequent eingesetzt wird. Auch Renault, Peugeot, Citroën, Toyota etc. versuchen sich immer wieder an dem Thema. Das könnte daran liegen, dass die

Multisensorik für Automobilhersteller selbstverständlich ist. Ein Neuwagen hat einen sehr eigenen Geruch, der Sound am Fahrzeug selbst – Tür, Fensterheber, Scheibenwischer, Motor etc. – wird penibelst gestaltet und die Haptik wird mit den besten Materialien berücksichtigt. Ein Auto ist ein rundum, ganzheitlich gestaltetes Designerlebnis.

Steiner
Gibt es Medien, in denen akustische Markenelemente bevorzugt bzw. vernachlässigt eingesetzt werden?

Wodrich
Bevorzugt werden akustische Markenelemente im Internet und diversen Social-Media-Kanälen eingesetzt – überall dort wo Bewegtbild-Content eine Rolle spielt. Also auch im TV. Dank reinen Audioformaten wie Podcasts und dem Siegeszug der sprachbasierten Services wie Siri, Alexa wird hier in Zukunft noch viel passieren. Nicht vergessen sollte man natürlich auch Events und den Point of Sale.

Steiner
In Deutschland werden nur sehr wenige Klangmarken als nationale Deutsche Marke im Markenregister des DPMA registriert. Wie erklären Sie sich diese niedrige Zahl an Registrierungen?

Wodrich
Das liegt zum einen ganz einfach an der geringen Zahl der wirklich ernsthaft geführten Sound Branding-Prozesse und andererseits gewiss auch an der Unwissenheit der jeweiligen Markenverantwortlichen. Ich möchte behaupten, dass es oft, schlicht und einfach nicht bedacht wird. Dazu kommt die diesbezüglich fehlende Beratungskompetenz vieler Sound Branding-Agenturen.

Steiner
Welche Grenzen und Risiken gilt es beim Sound Branding zu beachten?

Wodrich
Durch die Möglichkeiten des Klangeinsatzes besteht die Gefahr, dass wir eine immer lautere Welt schaffen. Das hat allerdings nichts mit Sound Branding zu tun. Ziel des Sound Brandings ist es ja nicht, mehr Sound zu schaffen, sondern dort, wo Sound sowieso stattfindet aufzuräumen und ihn gezielt und wohlseinsfördernd einzusetzen. Grenzen des Sound Brandings? Welche Grenzen? The Sky is the Limit. Den Satz „Wir dürfen nicht zu viel vom Sound erwarten" werden Sie von mir nicht hören!

Steiner
Welchen Stellenwert nimmt Sound Branding in der aktuellen Unternehmenspraxis Ihrer Meinung nach ein?

Wodrich
Einen viel zu geringen. Ich erwähnte es vorhin bereits: Jedes Unternehmen, dass sich einen Marketing- und einen Corporate-Design-Verantwortlichen leistet, sollte sich auch einen Klang-Verantwortlichen leisten. Neben den klassischen Markenkommunikationsmedien gäbe es genügend zu tun um die Akustik im Unternehmen, am Arbeitsplatz auf Messen und Events aktiv zu gestalten. Es gibt reihenweise Möglichkeiten Mitarbeiter in akustische Aktivitäten einzubinden und die Identifikation mit dem Unternehmen zu stärken. Und die Arbeit ist nie vorbei.

Steiner
Deutschland nimmt im weltweiten Vergleich eine absolute Vorreiterrolle in Sound Branding, insbesondere in der Kreation und Etablierung von Sound Logos, ein. Wie ist es dazu gekommen? In welchen Nationen herrscht ein ähnlich hohes Bewusstsein für akustische Markenführung vor?

Wodrich
Die deutschen Marketer sind seit den 2000er Jahren auf der Suche nach dem ganzheitlichen Markenerlebnis. Die Fachliteratur hat das Thema ebenfalls in den letzten 15 Jahren stark aufgegriffen. Sound war ein selbstverständlicher Baustein in diesem Konstrukt des

Markenerlebnisses und zudem einer, der vermeintlich leichter implementierbar ist als beispielsweise die Olfaktorik. In Deutschland gibt es darüber hinaus eine engagierte Branchenspitze, die sehr aktiv mit Vorträgen, in der Hochschullehre und bei der Organisation von internationalen Kongressen ist. In Ländern wie England oder Amerika sind Soundlogos aber ebenfalls sehr verbreitet.

Steiner
Wie sehen Sie die Zukunft des Sound Branding?

Wodrich
Ich denke wir stehen erst am Anfang. Die Branche hat sich unheimlich entwickelt in den letzten 15 Jahren. In den nächsten 10 Jahren wird es einen noch viel stärkeren Schub geben. Der Markt wird durch neue Impulse, Anbieter und Ideen aufgerüttelt. Die internationale Vernetzung wird viel dazu beitragen. Und es wird Unternehmen mit fest verankerten Klangverantwortlichen geben! Das kann doch bei Konzernen mit 50.000 oder mehr Mitarbeitern nicht so schwer sein, oder? Und irgendeiner muss ja mal damit anfangen.

Ich bedanke mich für das Interview!
19.05.2021.

MIX
Papier aus verantwortungsvollen Quellen
Paper from responsible sources
FSC® C105338

If you have any concerns about our products,
you can contact us on
ProductSafety@springernature.com

In case Publisher is established outside the EU,
the EU authorized representative is:
**Springer Nature Customer Service Center GmbH
Europaplatz 3, 69115 Heidelberg, Germany**

Printed by Libri Plureos GmbH
in Hamburg, Germany